Elogios a SOÑEMOS JUNTOS

"Una guía espiritual que afronta el futuro desde el corazón".

—*Kirkus Reviews*

"Francisco ofrece su aliento pastoral en este llamado a crear un mundo más justo y sustentable… una obra a la vez sencilla y potente".

—*Publishers Weekly* (starred review)

"Francisco habla con libertad y humor a lo largo del libro, alternando anécdotas personales, pautas para el discernimiento al estilo jesuita y llamados específicos al cambio social".

—*America Magazine*

"Suficientemente breve como para leer de una sentada, *Soñemos juntos*… plantea un desafío espiritual al lector… La urgencia espiritual y la calidez de *Soñemos juntos* resultan atractivas tanto para el lector de a pie como el lector devoto".

—*The Guardian*

"El papa Francisco, que nunca rehúye la polémica, explora con osadía el debate sobre el coronavirus en un nuevo libro que critica a los que culpan a los extranjeros por el virus y a aquellos que protestan en contra del cierre de los templos y las órdenes de usar barbijo… A diferencia de otros textos pontificios, este libro evita las discusiones complejas sobre la doctrina y teología de la Iglesia… La intención del Papa aquí es clara: ofrecer un libro para ser leído por una audiencia amplia y popular… A la vez que comparte consejos del diario vivir, Francisco no deja de realizar aseveraciones provocadoras, especialmente en relación con la manera en que algunos pueblos y gobiernos han respondido a la pandemia".

—NPR

"El mundo católico, al igual que el mundo entero, necesita de una guía espiritual inequívoca y profética, y el papa Francisco ofrece justamente eso… Esta obra compacta y bellamente escrita funciona como una hoja de ruta para el futuro y una guía para aquellos que han quedado perplejos con el papado de Francisco… Lo que propone *Soñemos juntos* es mucho más que una respuesta a las críticas:

ofrece un modo de pensar que nos puede ayudar a superar la polémica que amenaza con paralizar el diálogo... *Soñemos juntos* es el tipo de libro que queremos mantener cerca y leer detenidamente para poder meditar cada pasaje a medida que avanzamos en su lectura. Es ese libro que podemos pensar en regalar a alguien —católico o no católico— que esté teniendo dificultades para encontrar la esperanza y un camino para la acción fructífera, al tiempo que nos disponemos a disfrutar de las fiestas navideñas bajo la sombra de Covid-19".

—*Where Peter Is*

"Ofrece una dosis muy necesaria de esperanza. Este libro tan oportuno es una luz en medio de los días más oscuros que el mundo ha experimentado en su historia moderna... Personas de todos los credos, y aquellas que sienten que su fe ha menguado, les resultará de beneficio recibir este llamado apasionado y muy bien documentado a profundizar en su interior a fin de servir a los demás y cambiar sus propias vidas, por imposible que esto pueda parecer".

—BookTrib.com

"Francisco entreteje hábilmente sus anécdotas personales y reflexiones con una aguda crítica social y análisis teológico. Los lectores no quedarán indiferentes a esta obra... *Soñemos juntos* inspirará a su audiencia a hacer frente a los desafíos de nuestra era y resurgir de la pandemia de Covid-19 con vínculos más sólidos e instituciones más justas".

—*U.S. Catholic*

"Una y otra vez, la perspectiva del Papa genera asombro... Es un manual para la renovación en las postrimerías de esta plaga... [Un] libro incendiario y lleno de coraje".

—*The Tablet*

SOÑEMOS JUNTOS

EL CAMINO A
UN FUTURO MEJOR

PAPA FRANCISCO

Conversaciones con Austen Ivereigh

Simon & Schuster Paperbacks

NUEVA YORK · LONDRES · TORONTO
SÍDNEY · NUEVA DELHI

Simon & Schuster Paperbacks
Un sello de Simon & Schuster, Inc.
1230 Avenida de las Américas
Nueva York, NY 10020

Contenido

Prólogo

Veo este momento como la hora de la verdad. Me hace recordar lo que Jesús le dijo a Pedro: Satanás quiere "zarandearte como el trigo" (Lucas 22, 31). Es un momento en que se sacuden tanto nuestras categorías como nuestras formas de pensar y entran en cuestionamiento nuestras prioridades y estilos de vida. Cruzás un umbral, ya sea por decisión propia o por necesidad, porque algunas crisis, como la que estamos atravesando, no las podemos evitar.

La pregunta es si vamos a salir de esta crisis y, en ese caso, cómo. La regla básica es que nunca se sale igual de una crisis. Si salís, salís mejor o peor; pero nunca igual.

Estamos viviendo un momento de prueba. La Biblia habla de atravesar el fuego para describir esas pruebas, como el horno prueba la vasija del alfarero (Eclesiástico 27, 5). La vida nos prueba, a todos nos prueba. Es así como crecemos.

En las pruebas de la vida se revela el propio corazón: su solidez, su misericordia, su grandeza o su pequeñez. Los tiempos normales son como las almidonadas formalidades sociales: uno nunca demuestra lo que uno es. Sonreís, decís lo correcto y salís de la estacada, sin mostrar jamás quién sos en realidad. Pero cuando pasás por una crisis, ocurre todo lo contrario: te pone ante la necesidad de elegir. Y al elegir, se revela tu corazón.

Pensemos en lo que ocurre en la historia. Cuando el corazón de la gente se pone a prueba, las personas toman conciencia de lo que las estaba frenando. También sienten la presencia del Señor, que es fiel y responde al clamor de su pueblo. El encuentro que se logra nos plantea la posibilidad de un futuro nuevo.

Pensá en lo que hemos visto durante esta crisis del Covid-19. Todos esos mártires: hombres y mujeres que han entregado sus vidas al servicio de los más necesitados. Recordemos a los médicos, enfermeras y demás cuidadores de la salud, así como también los capellanes y todas las personas que se animaron a acompañar a otros en el dolor. Tomando las precauciones necesarias, buscaron ofrecer apoyo y consolación a otros. Fueron testimonios de cercanía y ternura. Muchos murieron, desgraciadamente. En honor a su testimonio y al sufrimiento de tantos, debemos construir el mañana siguiendo los caminos que nos han señalado.

Sin embargo —y digo esto con dolor y vergüenza— también pensemos en los usureros, los microprestamistas que llamaron a la puerta de la gente desesperada. Si tendían una mano era para ofrecer préstamos imposibles de devolver, que terminan endeudando para siempre a quienes los aceptan. Especulan con el sufrimiento ajeno.

En momentos de crisis se ve lo bueno y lo malo: la gente se muestra tal cual es. Algunos dedican tiempo a servir a los que lo necesitan, mientras que otros se sirven de los demás. Algunos salen al encuentro de los demás —de maneras nuevas y creativas, sin apartarse de su propio hogar— mientras que otros se refugian detrás de una coraza protectora. El corazón se muestra tal cual es.

No son solo personas concretas las que están a prueba,

sino pueblos enteros. Pensemos en los gobiernos que tienen que tomar decisiones en medio de esta pandemia. ¿Qué es lo más importante? ¿Cuidar a la gente o que el sistema financiero no se detenga? ¿Dejamos en suspenso la maquinaria que genera riqueza, siendo conscientes de que la gente sufrirá, aunque así salvemos vidas? En algunos casos los gobiernos no lograron comprender la magnitud de esta enfermedad o no contaron con los recursos necesarios. Estos gobiernos hipotecaron a su pueblo. Las decisiones que tomaron pusieron a prueba sus prioridades y quedaron expuestos sus valores.

En una crisis siempre existe la tentación del repliegue. Es cierto que el repliegue táctico es una manera política de actuar lícita, como la Biblia dice: "¡A tus tiendas, Israel!" (1 Reyes 12, 16), pero hay situaciones donde el repliegue no solo no es lícito, sino que tampoco es humano. Jesús lo deja muy claro en la famosa parábola del buen samaritano. Cuando el levita y el sacerdote se alejan del hombre herido y golpeado por los ladrones, optan por un repliegue "funcional". Con esto quiero decir que tratan de preservar su propio lugar —su papel, su *statu quo*— cuando se enfrentan con una crisis que los pone a prueba.

En una crisis nuestros funcionalismos se tambalean y tenemos que revisar y modificar nuestros roles y hábitos para poder salir de la crisis como mejores personas. Una crisis siempre exige que todo nuestro ser esté presente; no podemos replegarnos y retraernos a nuestros viejos roles y maneras. Pensemos en el samaritano: se para, se acerca, actúa, se mete en el mundo del hombre herido, en el sufrimiento del otro, y así crea un futuro nuevo.

Actuar al estilo del samaritano en una crisis implica dejarme golpear por lo que veo, sabiendo que el sufrimiento me

va a cambiar. Los cristianos hablamos de esto como *asumir
y abrazar la Cruz*. Abrazar la Cruz, confiados en que lo que
viene es vida nueva, nos da el coraje para dejar de lamentar-
nos y salir al encuentro para servir a los demás y así suscitar el
cambio posible, que sólo nacerá de la compasión y el servicio.

Algunos responden al sufrimiento de una crisis encogién-
dose de hombros. Dicen: "Bueno, el mundo es así, Dios lo creó
así". Pero esa respuesta malinterpreta la creación de Dios como
algo estático, cuando en realidad se trata de un proceso dinámico. El mundo siempre *está en gestación*. Pablo, en su Carta
a los Romanos, dice que la creación entera gime y sufre dolores de parto (Romanos 8, 22). Dios quiere construir el mundo
con nosotros, como colaboradores, en todo momento. Nos ha
invitado a que nos unamos a Él desde el principio, en tiempos
de paz y en tiempos de crisis: desde y para siempre. No nos
encontramos frente a algo cerrado, empaquetado: "Tomá, acá
tenés el mundo".

El mandato de Dios a Adán y Eva en el relato del Génesis es ser fecundos. La humanidad ha recibido el mandato de
cambiar, construir y dominar la creación en el sentido positivo
de crear desde y con ella. Entonces, el futuro no depende de
un mecanismo invisible en el que los humanos son especta-
dores pasivos. No, somos protagonistas, somos —forzando la
palabra— *cocreadores*. Cuando el Señor nos pide ser fecundos,
dominar la tierra, lo que nos está diciendo es: sean creadores
de su futuro.

De esta crisis podemos salir mejor o peor. Podemos retroceder o crear algo nuevo. En este momento, lo que necesitamos es la oportunidad de cambiar, de hacer lugar para que
pueda surgir eso nuevo que necesitamos. Como cuando Dios
le dice a Isaías: "Vení, hablemos sobre esto. Si estás listo para

escuchar, tendremos un gran futuro. Pero si te negás a escuchar, te devorará la espada" (Isaías 1, 18-20).

Hay tantas espadas que amenazan con devorarnos.

La crisis del Covid parece única porque afecta a la mayoría de la humanidad. Pero es especial solo por su visibilidad. Existen miles de otras crisis igual de terribles, pero son tan lejanas a algunos de nosotros que podemos actuar como si no existieran. Pensemos, por ejemplo, en las guerras diseminadas en distintas partes del mundo, la producción y el tráfico de armas; en los cientos de miles de refugiados que huyen de la pobreza, el hambre y las faltas de oportunidad; en el cambio climático. Estas tragedias nos pueden resultar lejanas, son noticias pasajeras que, tristemente, no logran movilizar nuestras agendas y prioridades. Pero al igual que la crisis por el Covid, afectan a toda la humanidad.

Mirá solamente los números, lo que un país gasta en armas, y te quedás helado. Luego compará esas cifras con las estadísticas de UNICEF sobre cuántos chicos no tienen acceso a la educación y se van a dormir con hambre, y te das cuenta de quién paga el precio por el gasto en armas. En los primeros cuatro meses de este año *murieron 3,7 millones de personas a causa del hambre*. ¿Y cuántos más han muerto a raíz de la guerra? El gasto en armas destruye a la humanidad. Es un "coronavirus" gravísimo, pero como sus víctimas son invisibles, no hablamos de eso.

Para algunos, igualmente escondida está la destrucción de la naturaleza. Pensábamos que no nos afectaba porque sucedía en otro lado. Pero de repente lo vemos, lo entendemos: un barco cruza el Polo Norte, y caemos en la cuenta de que las inundaciones y los incendios forestales, que parecían tan remotos, son parte de la misma crisis que nos afecta a todos.

Mirá cómo estamos ahora: nos ponemos el barbijo para protegernos a nosotros mismos y a los demás de un virus que no podemos ver. ¿Pero qué hacemos con los demás virus que no podemos ver? ¿Cómo podemos encarar las pandemias ocultas de este mundo, de las pandemias del hambre, de la violencia y del cambio climático?

Si de esta crisis queremos salir menos egoístas que cuando entramos, necesitamos dejarnos tocar por el dolor de los demás. Hay una frase en el himno "Patmos" de Friedrich Hölderlin que a mí me habla mucho. Dice que la amenaza del peligro en medio de una crisis nunca es total, siempre hay una salida: "Donde hay peligro, crece también lo que nos salva"[1]. Ese es el genio en la historia humana: siempre hay una salida para escapar de la destrucción. La humanidad tiene que actuar precisamente ahí, en la amenaza misma: es ahí donde se abre la puerta. Esa frase de Hölderlin me acompañó en distintas situaciones de mi vida.

Este es el momento para soñar en grande, para repensar nuestras prioridades —lo que valoramos, lo que queremos, lo que buscamos— y para comprometernos en lo pequeño y actuar en función de lo que hemos soñado. Lo que oigo en este momento es semejante a lo que Isaías le oyó decir a Dios a través de él : Vení, hablemos sobre esto. Atrevámonos a soñar.

Dios nos pide que nos atrevamos a crear algo nuevo. No podemos volver a la falsa seguridad de las estructuras políticas y económicas que teníamos antes de la crisis. Necesitamos economías que permitan a todos el acceso a los frutos de la creación, a las necesidades básicas de la vida: tierra, techo y trabajo. Necesitamos políticas que puedan integrar y dialogar con los pobres, los excluidos, los vulnerables, y les permitan tener voz en las decisiones que afectan sus vidas. Hay que bajar la velocidad, tomar conciencia y diseñar maneras mejores para convivir en este mundo.

Es una tarea para todos, que nos convoca a todos; es un buen tiempo para los inquietos de espíritu, esa sana inquietud que moviliza. Hoy, más que nunca, ha quedado expuesta la falacia de convertir el individualismo en el principio rector de nuestra sociedad. ¿Cuál será nuestro nuevo principio?

Hace falta un movimiento popular que sepa que nos necesitamos mutuamente, que tenga un sentido de responsabilidad por los demás y por el mundo. Necesitamos proclamar que ser compasivos, tener fe y trabajar por el bien común son grandes metas de vida que requieren valentía y reciedumbre; mientras que la vanidad, la superficialidad y la burla a la ética no nos han hecho ningún bien. La era moderna —que tanto desarrolló y proyectó la igualdad y la libertad— ahora necesita añadir, con el mismo impulso y tenacidad, la fraternidad para enfrentar los desafíos que tenemos por delante. La fraternidad dará a la libertad y a la igualdad su justa sinfonía.

Millones de personas se han preguntado a sí mismas, y entre sí, dónde podrían encontrar a Dios en esta crisis. Lo que me viene a la mente es el desborde. Pienso en los grandes ríos que crecen tan gradualmente que es casi imperceptible notarlo, pero cuando el momento llega, se desbordan y derraman sus aguas. En nuestra sociedad, la misericordia de Dios brota en estos "momentos de desborde": se derrama, rompiendo las fronteras tradicionales que han impedido que tantas personas tengan acceso a lo que se merecen, sacudiendo nuestros roles y modos de pensar. El desborde se encuentra en el sufrimiento que ha dejado expuesto esta crisis y en la creatividad con que tantos buscan responder a ella.

Veo un desborde de misericordia derramándose a nuestro

alrededor. Los corazones han sido puestos a prueba. La crisis ha suscitado en algunos un coraje y una compasión nuevos. Algunos han sido zarandeados y han respondido con el deseo de reimaginar nuestro mundo, otros buscaron socorrer con gestos bien concretos las penurias de tantos capaces de transformar el dolor de nuestro prójimo.

Esto me llena de esperanza en que podemos salir mejores de esta crisis. Pero necesitamos ver claro, elegir bien y actuar en consecuencia.

Hablemos del cómo. Dejemos que esas palabras de Dios a Isaías sean dirigidas a nosotros: *Vení, hablemos sobre esto. Atrevámonos a soñar.*

PRIMERA PARTE

TIEMPO PARA VER

E N ESTE ÚLTIMO AÑO DE CAMBIOS y crisis, tanto mi mente como mi corazón se desbordan de nombres. Personas en las que pienso y por las que rezo, y a veces con las que lloro: personas con nombres y rostros, personas que murieron sin poder despedirse de sus seres queridos, familias en dificultad porque no hay trabajo y que inclusive pasan hambre.

Cuando uno piensa en lo global, muchas veces se puede quedar paralizado, son muchos los focos de conflicto que parecen no dar tregua; hay tanto sufrimiento y necesidad. Sin embargo, me ayuda mucho concentrarme en lo concreto de las situaciones, así uno encuentra rostros con ansia de vida y amor, se va a la realidad de cada persona, de cada pueblo. Uno ve la esperanza escrita en la historia de cada nación, que es gloriosa porque es una historia hecha de sacrificios, de lucha cotidiana, de vida deshilachada y entregada y eso, en vez de abrumarte, te invita a sopesar y a dar una respuesta de esperanza.

Hay que ir a la periferia si se quiere ver el mundo tal cual es. Siempre pensé que uno ve el mundo más claro desde la periferia, pero en estos últimos siete años como Papa, terminé de comprobarlo. Para encontrar un futuro nuevo hay que ir a la periferia. Cuando Dios quiso regenerar la creación, quiso ir a

la periferia: los lugares de pecado y miseria, de exclusión y sufrimiento, de enfermedad y soledad; porque también eran lugares llenos de posibilidad: porque "donde abundó el pecado,
sobreabundó la gracia" (Romanos 5, 20).

Pero uno no puede ir a la periferia en lo abstracto. Pienso
mucho en los pueblos perseguidos: los rohinyás, los pobres ui-
gures, los yazidíes —lo que les hizo el Dáesh fue muy cruel— o
los cristianos en Egipto y Pakistán, muertos por bombas deto-
nadas mientras rezaban en la iglesia. Siento un cariño particular por los rohinyás. En este momento es el grupo humano
más perseguido de la tierra. En la medida de lo posible, trato
de estar cerca de ellos. No son católicos ni cristianos, pero son
hermanos y hermanas, un pueblo pobre golpeado por todos
lados que no sabe a dónde ir. Hay miles de ellos en campos de
refugiados en Bangladesh, donde el Covid-19 hace estragos.
Imagínate este virus en un campo de refugiados, lo que pasa
ahí. Es una injusticia que clama al cielo.

Yo me reuní con los rohinyás en Daca en 2017. Es gente
buena, gente que quiere trabajar y cuidar de sus familias, pero
no los dejan. Todo un pueblo arrinconado y acorralado. Sin
embargo, algo que también me emociona es la generosidad
fraterna que tuvo Bangladesh. Es un país pobre y densamente
poblado, pero igual abrió sus puertas a 600.000 personas. La
Primera Ministra me dijo que para que un rohinyá pudiera
comer, los bangladesíes renunciaban a una comida por día.
Cuando el año pasado me dieron un premio en Abu Dabi
—una suma importante— la mandé directo a los rohinyá: un
reconocimiento de los musulmanes para reconocer a otros
musulmanes.

Ir a la periferia en lo concreto, como en este caso, te permite tocar el sufrimiento y las penurias de un pueblo, pero te

permite también descubrir las alianzas posibles que ya se están produciendo, para apoyarlas y alentarlas. Lo abstracto nos paraliza, en lo concreto se abren caminos de posibilidad.

Este tema de la ayuda a los demás me acompañó durante estos últimos meses. En la cuarentena recé muchas veces por aquellos que buscaron por todos los medios salvar la vida de otros. No quiero decir con esto que fueron imprudentes o negligentes; claramente no buscaban morir e hicieron todo lo posible por evitar la muerte, pero en ocasiones no pudieron porque no tenían la protección necesaria. No eligieron salvar sus propias vidas antes que las de los demás. Muchas enfermeras, médicos y trabajadores de la salud pagaron el precio del amor, junto con sacerdotes, religiosos y religiosas y tanta otra gente con vocación de servicio. A cambio de su amor, lloramos por ellos y les rendimos homenaje.

Sin importar si eran conscientes o no, la opción que tomaron fue testimonio de lo que creían: es mejor una vida dedicada al servicio de los demás que una vida resistiéndonos a ese llamado. Por eso, en muchos países la gente los aplaudió desde los balcones de sus casas como gesto de gratitud y asombro. Estos santos cercanos, de nuestra vida cotidiana, son los que despertaron algo importante en nuestro corazón e hicieron creíble, una vez más, lo que anhelamos cultivar con la predicación.

Esos son los anticuerpos al virus de la indiferencia. Nos recuerdan que la vida es un don y que crecemos cuando nos damos a los demás; no se trata de preservarnos sino de entregarnos para servir.

¡Qué señal tan opuesta al individualismo, a la obsesión con lo personal y a la falta de solidaridad que parece imponerse en nuestras sociedades más desarrolladas! ¿Será que estos cuidadores, que lamentablemente ya no están con nosotros, nos muestran el camino para la reconstrucción?

Nacemos, criaturas amadas por nuestro Creador, Dios de amor, en un mundo que lleva mucho tiempo de vida antes que nosotros. Pertenecemos a Dios, nos pertenecemos los unos a los otros y somos parte de toda la creación. Y este supuesto, que entendemos con el corazón, debe hacer fluir nuestro amor por los otros; un amor que no se gana ni se compra, porque todo lo que somos y tenemos es un don inmerecido.

¿Cómo se nos ha persuadido de lo contrario? ¿Cómo nos volvimos ciegos a la belleza de la creación? ¿Cómo hicimos para olvidarnos de los regalos de Dios y de nuestros hermanos? ¿Cómo podemos explicar que vivimos en un mundo donde la naturaleza está ahogada, donde los virus se propagan como el fuego y causan el desmoronamiento de nuestras sociedades, donde la pobreza más desgarradora convive con la riqueza más inconcebible, donde pueblos enteros —como los rohinyás— están relegados al basural?

Creo que lo que nos ha persuadido es el mito de la autosuficiencia, ese susurro en el oído que nos dice que la tierra está para saquearla, que los otros existen para satisfacer mis necesidades, que lo que tenemos y lo que nos falta es lo que nosotros —y los demás— nos merecemos, que mi premio es la riqueza, aunque esto implique que el destino inevitable de otros sea la pobreza.

En momentos como estos sentimos una impotencia radical de la que no podemos salir solos. Es entonces cuando recobramos "el sentido" y vemos esta cultura egoísta en la que estamos sumergidos y que nos hace negar lo mejor de nosotros. Y, si en ese momento nos arrepentimos y dirigimos la mirada al Creador y a los demás, quizás podremos recordar la verdad que Dios puso en nuestro corazón: que le pertenecemos a Él y a nuestros hermanos.

Tal vez porque durante la cuarentena pudimos recuperar un poco de la fraternidad que nuestros corazones tanto extrañaban, muchos hemos sentido la esperanza impaciente de que el mundo pueda organizarse en forma diferente, para reflejar así esa verdad.

Hemos descuidado y maltratado nuestros vínculos con nuestro Creador, con la creación y con las demás criaturas. La buena nueva es que existe un Arca que nos espera para llevarnos a un nuevo mañana. La pandemia del Covid-19 es nuestro "momento Noé", siempre y cuando encontremos el Arca de los lazos que nos unen, de la caridad, de la común pertenencia.

La historia de Noé en el Génesis no habla solo de cómo Dios ofreció una salida de la destrucción; habla también de todo lo que pasó después. La regeneración de la sociedad humana implicó volver a respetar los límites, frenar la carrera por la riqueza y el poder, cuidar de aquellos que viven en la periferia. La incorporación del Sábado y del Jubileo —momentos de recuperar y reparar, de perdonar deudas y reestablecer vínculos— fueron claves para esa regeneración y le dio tiempo a la tierra a reacomodarse, a que los pobres encontraran nuevas esperanzas, a que la gente encontrara otra vez su alma.

Esa es la gracia que se nos ofrece ahora, la luz en medio de nuestras dificultades. No la desperdiciemos.

Cuando pienso en los desafíos que se nos plantean, me siento abrumado. Pero nunca pierdo la esperanza. Estamos acompañados. Sí, estamos zarandeados, con dolor, impotencia e inclusive miedo. Pero también es una oportunidad que se nos presenta en esta crisis para salir mejores.

Lo que el Señor nos pide hoy es una cultura de servicio, no una cultura de descarte. Pero no podemos servir a los otros a menos que dejemos que su realidad nos afecte.

Para llegar allí, tenés que abrir los ojos y dejar que te toque el sufrimiento a tu alrededor, así vas a poder escuchar la voz del Espíritu de Dios que te habla desde las márgenes. Por eso quiero advertirte sobre tres centros que son nefastos, que impiden el crecimiento, la conexión con la realidad y, especialmente impiden la acción del Espíritu Santo. Pienso en el narcisismo, el desánimo y el pesimismo.

El *narcisismo* te lleva a la cultura del espejo, a mirarte a vos mismo y centrar todo en vos. Si no se trata de vos, lo demás no lo ves. Te enamorás tanto de esa imagen que te hiciste que te ahogás en ella. Las noticias son solo buenas si te benefician a vos; si son malas, entonces sos la principal víctima.

El *desánimo* hace que te quejes de todo y no veas lo que te rodea ni lo que te ofrecen los demás, solo ves lo que creés que perdiste. El desánimo lleva a la tristeza que es un gusano muy malo en la vida espiritual, que te corroe por dentro. Con el tiempo terminás encerrado y no sos capaz de ver nada más allá de vos mismo.

Y también está el *pesimismo*, que es como un portazo que le das al futuro y a la novedad que este puede albergar; una puerta que te negás a abrir por miedo de que aparezca algo nuevo algún día.

Son tres maneras de bloquearte, paralizarte y centrarte en aquellas cosas que no te permitirán salir adelante. En el fondo es preferir las ilusiones que disfrazan la realidad en vez de descubrir todo lo que podemos llegar a realizar. Son cantos de sirena que te alienan. Para actuar en contra de estas cosas, hay que comprometerse con lo pequeño, con lo concreto, con las acciones positivas que uno puede tomar, ya sea para sembrar esperanza o reclamar justicia.

Una de las esperanzas que tengo, como consecuencia de esta crisis que estamos viviendo, es que volvamos a tomar contacto con la realidad. Necesitamos pasar de lo virtual a lo real, de lo abstracto a lo concreto, de la cultura del adjetivo al sustantivo. Hay tantos hermanos y hermanas de "carne y hueso", gente con nombres y rostros, despojados de maneras que no podemos ver ni reconocer por estar demasiado centrados en nosotros mismos. Pero ahora algunas de esas vendas se cayeron y tenemos la oportunidad de ver con ojos nuevos.

La crisis puso al descubierto la cultura del descarte. Las exigencias sanitarias del Covid visibilizaron cómo tantos hermanos nuestros no tenían una vivienda donde vivir el distanciamiento social obligatorio ni agua limpia con la que higienizarse. Pensá en tantas familias que viven hacinadas en nuestras ciudades, en las villas miseria, como llamamos en Argentina a las baracópolis o barrios pobres de tantos lugares en el mundo. Pensá en los centros de retención de migrantes y en los campos de refugiados, donde la gente puede pasar años hacinada sin ser acogida en ningún lugar. Pensá en eso y te vas a dar cuenta de cómo les han sido negados los derechos más elementales: la higiene, la alimentación, la vida digna. Estos campos de refugiados convierten el sueño de alcanzar una vida mejor en cámaras de tortura.

Durante la pandemia, charlando con unos curas villeros les preguntaba, ¿cómo una familia, en una villa miseria, va a mantener la distancia necesaria para no contagiarse? ¿Cómo va a poder tomar las medidas higiénicas que se le recomiendan cuando no tienen agua potable para hacerlo? La crisis deja en evidencia estas injusticias. ¿Y nosotros qué vamos a hacer al respecto?

Si el Covid entra en un campo de refugiados puede generar una verdadera catástrofe. Pienso, por ejemplo, en los campos de Lesbos, que visité en 2016 con mis hermanos Bartolomé y Jerónimo II, y en las filmaciones tremendas que vi sobre la explotación humana que hay en Libia.[2] Uno se pregunta: ¿el drama es solo por el Covid o se trata de otra cosa que la crisis del Covid resaltó? ¿Hablamos solo de la pandemia por un virus o también estamos hablando de ampliar un poco la mirada, la forma en que asimilamos y respondemos a todos estos dramas humanos?

Mirá las estadísticas de las Naciones Unidas sobre los chicos sin educación en África, los chicos que se mueren de hambre en Yemen y muchas otras situaciones trágicas. Mirá solamente a los chicos. Es evidente que el Covid nos hizo parar en seco y pensar; nos obligó a pensar en todo esto. Lo que me preocupa es que ya hay proyectos en marcha para rearmar la misma estructura socioeconómica que teníamos antes del Covid, sin tomar en cuenta todos estos dramas.

Tenemos que encontrar maneras para que los que fueron descartados se conviertan en actores de un futuro nuevo. Tenemos que involucrar al pueblo en un proyecto común que beneficie no solo a un pequeño grupo de personas. Tenemos que cambiar la manera en que la propia sociedad funciona tras la crisis del Covid.

Cuando hablo de cambio, no significa que tenemos que cuidar mejor de uno u otro grupo de gente. Quiero decir que

esas personas que están ahora en la periferia se conviertan en
protagonistas del cambio de la sociedad.

Esto es lo que hay en mi corazón.

Pensemos en un gran obstáculo al cambio: la miopía existencial que nos hace elegir selectivamente lo que vemos. La
miopía existencial siempre nos hace agarrarnos de algo que
tenemos miedo de soltar. El Covid ha dejado en evidencia la
otra pandemia, la del virus de la indiferencia, que nos hace
mirar siempre para el otro lado y nos dice que, como no hay
solución inmediata o mágica, lo mejor es no sentir.

Esto lo vemos en la historia de Lázaro, el hombre pobre
en el Evangelio de Lucas. El rico era su vecino, sabía bien
quién era Lázaro, incluso conocía su nombre. Pero era indiferente, no le importaba. Para el hombre rico, la desgracia
de Lázaro no era su asunto. Probablemente pensaba "¡Pobre
tipo!" cada vez que se lo cruzaba en la puerta, mirándolo de
costado desde un abismo de indiferencia. Conocía la vida
de Lázaro pero sin que le afectara; y eso termina por generar una brecha entre lo que sentimos (indiferencia) y lo que
pensamos. Se opina y juzgan muchas situaciones sin empatía, sin la capacidad de estar por un instante en los pies del
otro.

Vi una exposición de fotografías aquí en Roma. Una de
las fotos se llamaba simplemente "Indiferencia". En la foto
aparecía una señora mayor saliendo de un restaurante. Era
invierno e iba muy bien abrigada, con tapado de piel, som-
brero, guantes; se veía que era una persona de estándar de
vida medio-alto. A la puerta del restaurante había otra señora
sentada sobre cartones, muy mal vestida, se veía que era una

mujer que vivía en la calle. Esta mujer le tiende la mano, pero la señora que iba saliendo mira para otra parte. Esta foto tocó el corazón de mucha gente.

Aquí en Italia es muy común decir "*che me ne frega*" que significa "¿qué me importa?". En Argentina decimos: "¿y a mí qué?". Son pequeñas expresiones que reflejan una mentalidad. Algunos italianos dicen que para vivir bien hace falta tener un sano *menefreghismo*, es decir, una sana indiferencia. Porque si te hacés cargo o ves todo lo que sucede, no vas a poder vivir tranquilo. Esa actitud termina por abroquelar el alma, es decir, la indiferencia la blinda, ciertas cosas no les llegan. Uno de los peligros de este "estado de indiferencia" es que puede volverse algo normal y termina por impregnar silenciosamente nuestros estilos de vida y juicios de valor. No nos podemos habituar a la indiferencia.

La actitud del Señor es totalmente la contraria, es el polo opuesto. Dios nunca es indiferente. La esencia de Dios es la misericordia, que no trata solo de ver y conmoverse, sino de responder con la acción. Dios sabe, siente y viene corriendo a buscarnos. No solo nos espera, sale a nuestro encuentro. Siempre que haya una respuesta en el mundo que sea inmediata, cercana, cariñosa, preocupada, que ofrezca una respuesta, ahí está presente el Espíritu de Dios.

La indiferencia bloquea al Espíritu, no deja que veamos las posibilidades que Dios está esperando para ofrecernos, las posibilidades que desbordan nuestros esquemas y categorías mentales. La indiferencia no te deja sentir las mociones del Espíritu que esta crisis debe provocar en tu corazón. Bloquea la posibilidad del discernimiento. La persona indiferente está cerrada a las cosas nuevas que Dios nos ofrece.

Por eso, tenemos que darnos cuenta de esa mentalidad de

"¿y a mí qué?" y abrirnos a los golpes que ahora nos llegan desde todos los rincones del mundo.

Cuando esto pasa, nos inundamos de dudas y preguntas: ¿Cómo podemos responder? ¿Qué podemos hacer? ¿Qué puedo hacer para ayudar? ¿Qué es lo que nos pide Dios en este tiempo?

Al hacer estas preguntas —no retóricamente, sino en silencio, con el corazón atento, quizás delante de una vela encendida— nos abrimos a la acción del Espíritu. Podemos empezar a discernir, a ver posibilidades nuevas, al menos en las pequeñas cosas que nos rodean, o en lo que hacemos cotidianamente. Y entonces, a medida que nos vamos comprometiendo con esas pequeñas cosas, empezamos a imaginar otra manera de vivir juntos, de servir a los otros. Podemos empezar a soñar un cambio real, un cambio posible.

En estos tiempos difíciles, me dan esperanza las últimas palabras de Jesús en el Evangelio de Mateo: "Yo estaré con ustedes todos los días hasta el fin del mundo" (Mateo 28, 20). No estamos solos. Por eso no tenemos que tener miedo de adentrarnos en la noche oscura de los problemas y el sufrimiento. Sabemos que no tenemos todas las respuestas preparadas y empaquetadas, pero igual confiamos en que el Señor nos abrirá puertas que ni siquiera imaginábamos que existían.

Claro que vacilamos. Frente a tanto sufrimiento, ¿quién no se asusta? Está bien temblar un poco. De hecho, sentir temor ante la misión puede ser una señal del Espíritu Santo. Nos podemos sentir al mismo tiempo inadecuados y llamados a la tarea. Ese ardor que sentimos en el corazón nos confirma que el Señor nos está pidiendo que lo sigamos.

Cuando nos enfrentamos a opciones y contradicciones, preguntarnos cuál es la voluntad de Dios ayuda a abrirnos a posibilidades inesperadas. Me refiero a estas nuevas posibilidades como un "desborde" porque a menudo desbordan las orillas de nuestro pensamiento. El desborde ocurre cuando le presentamos con humildad a Dios el desafío al que nos enfrentamos y le pedimos su ayuda. A esto lo llamamos el "discernimiento de espíritus" porque se trata de distinguir lo que verdaderamente es de Dios y lo que busca frustrar la voluntad de Dios.

Entrar en discernimiento es resistirnos a la tentación de alcanzar un falso alivio con una decisión inmediata y, en vez, estar dispuestos a presentar con humildad distintas opciones al Señor, esperando ese desborde. Hay que buscar las razones en pro y en contra, sabiendo que Jesús está con vos y para vos. Sentís en tu interior la suave invitación del Espíritu y su opuesto. Y con el tiempo, en oración y con paciencia, en el diálogo con los otros, vas llegando a una solución, que no es una solución de compromiso sino algo totalmente distinto.

Y quiero ser muy claro en esto. En la vida cristiana, cuando buscás la voluntad de Dios, no existen soluciones de compromiso. ¿Esto quiere decir que no es cristiano el compromiso? Sí, a veces es necesario, a veces no queda otro camino que una solución de compromiso para evitar una guerra u otra calamidad. Pero un compromiso no resuelve una contradicción o un conflicto. Es decir, es una solución transitoria, una situación de espera que permite que la situación madure hasta que pueda resolverse por otro camino, por un camino de discernimiento buscando la voluntad de Dios.

• • •

Las noticias y las redes sociales se convirtieron, durante la cuarentena, en nuestra principal ventana al mundo, tanto para bien como para mal.

Los periodistas jugaron un papel fundamental para ayudarnos a entender lo que estaba sucediendo, a sopesar y evaluar los diversos puntos de vista y opiniones. Los mejores periodistas nos llevaron a la periferia, nos mostraron lo que estaba pasando ahí, hicieron que nos importara. Este es el periodismo que se ejerce con nobleza, que nos ayuda a superar nuestra miopía existencial, que nos abre espacios para la discusión y el debate. Quiero rendir homenaje a los medios de información que en esta crisis nos ayudaron a no caer en la indiferencia.

Pero los medios también tienen sus patologías: la desinformación, la difamación y una fascinación por el escándalo y lo sucio. Algunos medios están atrapados en la cultura de la posverdad, donde los hechos importan mucho menos que su impacto, y usan las narrativas como armas de poder. Los medios más corruptos son aquellos que buscan complacer a su audiencia, tergiversando los hechos para que se ajusten a sus prejuicios y temores.

Algunos medios han usado esta crisis para persuadir a la gente de que los culpables son los extranjeros, que el coronavirus no es más que un pequeño resfrío, que muy pronto todo va a estar bien como antes y que ciertas restricciones necesarias para cuidarse son una exigencia injusta de un Estado intrusivo. Hay políticos que venden estas narrativas para beneficio propio. Pero no podrían salirse con la suya si algunos medios no las divulgaran.

De esta forma, los medios dejan de mediar y se vuelven intermediarios, opacando nuestra visión de la realidad. Lamentablemente, este fenómeno no es ajeno a ciertos medios que se dicen católicos y pregonan estar salvando a la Iglesia de sí misma. El periodismo que reacomoda los hechos para defender una ideología de réditos económicos es un periodismo corrupto que desgasta el tejido social.

En todo caso, y lo hemos experimentado en carne propia durante este tiempo, ningún medio digital puede satisfacer el deseo del alma humana de tener contacto directo con sus seres queridos, con la realidad; nada puede sustituir la interacción directa con la complejidad que ofrecen las experiencias de los demás. La comunicación es mucho más que una conexión, es mucho más fructífera cuando hay vínculos de confianza: comunión, fraternidad, presencia física.

El distanciamiento social es una respuesta necesaria a la pandemia, pero no puede sostenerse en el tiempo sin erosionar nuestra humanidad. Nacimos para estar en contacto y no solo en conexión.

Es arriesgado decir esto porque me pueden interpretar mal, pero el tipo de comunicación que más necesitamos es el tacto. El coronavirus hizo que tengamos miedo de darnos un abrazo, de darnos la mano. Anhelamos el contacto con nuestros seres queridos, al que muchas veces debemos renunciar por su bien y el nuestro. El tacto es una necesidad profundamente humana.

En las audiencias generales de los miércoles, acostumbro acercarme a la gente. Una vez, un grupo de chicos ciegos me preguntó si me podían ver. Yo les dije que sí, aunque la primera vez no sabía qué querían decir. Pero después me di cuenta de que querían tocarme la cara con las manos para "ver" al Papa. El tacto es el único sentido que la tecnología no ha podido sustituir. No hay dispositivo que pueda hacer que esos chicos ciegos me "vean" tan claramente como lo hicieron con sus manos.

Me impresionó mucho la manera en que tantas personas

de la Iglesia reaccionaron a la pandemia buscando nuevas maneras de estar cerca de la gente, respetando al mismo tiempo las medidas de distanciamiento social: transmitir liturgias en vivo, poner fotos de miembros de la comunidad en los bancos, organizar reuniones y grupos de oración por medio de las plataformas digitales, dar retiros en forma remota, comunicarse con gente por teléfono y tabletas, crear videos en los que decenas de cantantes y músicos contribuyeron con canciones hermosas desde sus hogares. Para la Iglesia ha sido un tiempo de separación forzada, pero también un tiempo de encontrar maneras nuevas y creativas de reunirnos como Pueblo de Dios.

Como muchos sacerdotes no podían celebrar la Misa con sus comunidades, varios salieron a visitar hogares desde las ventanas para cuidar a su rebaño o ejercieron su apostolado por teléfono para no perder la cercanía con la gente. Algunos se animaron a realizarle las compras a las personas ancianas que no podían salir. En esta pandemia vi a la Iglesia viva; fue un testimonio extraordinario.

Las redes permitieron que estemos en contacto y comunicados, pero también alteraron la intimidad de nuestros hogares y vidas. Charlando con algunas personas, me compartieron los efectos de la sobreexposición digital. Uno me decía que estaba exhausto, se sentía invadido, que no lograba tener una pausa: vivía *online* en todos los sentidos. La hiperexposición a las pantallas es un fenómeno nuevo que debemos analizar con cautela.

Por ejemplo, el distanciamiento obligatorio ha vuelto a algunos más vulnerables al *online grooming* (seducción en línea), y otras formas de abuso sobre las que comunitariamente estamos llamados a velar y que debemos denunciar.

En los últimos años, gracias a Dios, hemos visto crecer una sensibilidad especial en estos temas. La cultura del abuso, ya sea sexual, de poder o de conciencia, comenzó a ser desmantelada en primer lugar por las propias víctimas y sus familias quienes, más allá de su dolor, fueron capaces de preservar su lucha buscando justicia y ayudando a alertar y a curar a la sociedad de esta perversidad.

Como no me cansaré de decir con dolor y vergüenza, estos abusos también fueron cometidos por algunos miembros de la Iglesia. En los últimos años dimos pasos importantes para erradicar los abusos y construir una cultura del cuidado que responda con celeridad ante toda denuncia. Crear una cultura del cuidado llevará tiempo, pero es un compromiso ineludible en el que debemos empeñarnos con todas nuestras fuerzas. No más abuso sexual, de poder y conciencia dentro y fuera de la Iglesia.

Hemos visto este despertar también en la sociedad: en el movimiento *#MeToo*, en los múltiples escándalos de políticos poderosos y ricos, magnates de los medios y hombres de negocios. Quedó expuesta su manera de pensar: si pueden tener todo lo que quieren y cuando quieren, ¿por qué no también aprovecharse de mujeres jóvenes y vulnerables? Los pecados de los poderosos son casi siempre pecados de adjudicarse derechos a sí mismos, perpetrados por gente con una escandalosa falta de vergüenza y de descaro. En la Iglesia, este sentirse con derechos sobre los demás es el cáncer del clericalismo (así lo llamo), esa perversión de la vocación a la que como sacerdotes fuimos llamados.

En los casos mencionados arriba, la raíz del pecado es la misma. Es el viejo pecado de quienes se consideran dueños de los demás, que no reconocen ningún límite y, sin ningún tipo de pudor, creen que pueden usarlos como les dé la gana. Es el pecado de no tener respeto por el valor de la persona.

Hay otro tipo de abuso de poder: lo vimos en el asesinato de George Floyd, que desencadenó protestas en todo el mundo contra la injusticia racial. Está bien que la gente reclame dignidad para todos los seres humanos y denuncie el abuso en todas sus formas. El abuso es una trompada a la dignidad humana que no podemos permitir y contra eso hay que luchar.

Y, sin embargo, como en toda cosa buena, estos despertares de conciencia corren el peligro de ser manipulados y comercializados. No digo esto para poner en duda los intentos genuinos y valientes por exponer la corrupción del abuso y dar voz a las víctimas, sino para advertir que a veces se encuentra también lo malo dentro de lo bueno. Me da pena que haya letrados que usen a las víctimas de abuso, no para defenderlas, sino para aprovecharse económicamente.

Lo mismo puede pasar con algunos políticos. Una vez recibí una carta de uno de ellos que mostraba cómo en su país había destapado toda una historia de abusos. Un estudio judicial ulterior reveló que la acusación era falsa. Este hombre quería aparecer como héroe al denunciar abusos que nunca ocurrieron. Después me enteré de que se candidateaba para ser gobernador de su Estado, entonces con eso ganaba votos.

Utilizar, ampliar o redimensionar una desgracia para posicionarse política o socialmente es también una forma grave de abuso que menosprecia el dolor de las víctimas; esto también es condenable.

Algunas de las protestas durante la crisis del coronavirus han suscitado el espíritu indignado del victimismo, pero esta vez se trata de gente que es víctima solo en su imaginación: los que reclaman, por ejemplo, que estar obligados a usar el barbijo es una imposición injustificada del Estado, y se olvidan y son indiferentes frente a todos aquellos que, por ejemplo, no cuentan con un seguro social o perdieron su trabajo.

Con algunas excepciones, los gobiernos hicieron grandes esfuerzos para dar prioridad al bienestar de su pueblo, actuando con determinación para proteger la salud y salvar vidas sobre otros tipos de intereses. Las excepciones fueron algunos gobernantes que ignoraron la penosa evidencia de las muertes que iban aumentando, lo que inevitablemente trajo consecuencias graves. Pero la mayoría de los gobiernos actuaron con responsabilidad e impusieron medidas serias para evitar el contagio.

Sin embargo, algunos grupos protestaron, se negaron a mantener la distancia, marcharon en contra de las restricciones de viaje, ¡como si estas medidas constituyeran un ataque político a la autonomía o a la libertad individual! La búsqueda del bien común es mucho más que la suma de los bienes individuales. Significa tener en cuenta a todos los ciudadanos, buscando responder efectivamente a las necesidades de los más desfavorecidos.

Hablamos antes del narcisismo, del ser abroquelado, de la gente que vive quejándose y pensando solo en sí misma. Es la incapacidad de ver que no todos tenemos las mismas posibilidades. Es demasiado fácil para algunos tomar un concepto como, por ejemplo, la libertad personal en este caso y convertirlo en una ideología, y así fabricar el prisma a través del cual se juzga todo.

A estas personas nunca las vas a ver en una manifestación por la muerte de George Floyd o protestando porque hay villas

TIEMPO PARA VER 29

miseria donde los chicos no tienen agua o no tienen educación, o porque hay familias enteras que perdieron su fuente de ingresos. No los vas a ver protestando por la asombrosa cantidad de dinero que se gasta en el tráfico de armas en un solo año, que podría usarse para dar de comer a toda la humanidad y dar educación a todos los chicos. No, sobre eso no protestan; son incapaces de salir de su pequeño mundo de intereses.

Lamentablemente, no podemos ignorar a aquellos en la Iglesia que tienen esta misma manera de pensar. Algunos curas y laicos han dado el mal ejemplo perdiendo el sentido de solidaridad y fraternidad con el resto de sus hermanos. Hicieron de esto una batalla cultural cuando en realidad se trataba de garantizar y proteger toda vida.

Esta crisis desenmascara nuestra vulnerabilidad, expone las falsas seguridades en las que basamos nuestras vidas. Es momento de hacer memoria con honestidad, de adueñarnos de nuestras raíces.

Lo que me preocupa de las protestas contra el racismo del verano de 2020, cuando se derribaron muchas estatuas de personajes históricos en varios países, es el deseo de purificar el pasado. Para algunos, la historia tendría que ser como la queremos hoy, entonces cancelamos todo lo que está detrás. Sin embargo, es al revés. Para que haya historia verdadera tiene que haber memoria que nos ayude a reconocer los caminos andados, aunque estén llenos de vergüenza. Amputar la historia nos podría hacer perder la memoria, uno de los pocos antídotos para no cometer los mismos errores del pasado. Un pueblo libre es un pueblo memorioso, capaz de hacerse cargo de su historia, sin negarla, y sacar las mejores enseñanzas.

En el capítulo 26 del Libro del Deuteronomio, Moisés les dice a los israelitas lo que deben hacer después de tomar la tierra que el Señor les ha dado. Deben llevar los primeros frutos como ofrenda al sacerdote y hacer una oración de agradecimiento que recuerde la historia del pueblo. La oración comenzaba así: "Mi padre era un arameo errante". Después seguía una historia de vergüenza y redención: mis ancestros fueron a Egipto, vivieron allí como extranjeros y esclavos, pero su pueblo invocó al Señor y salieron de Egipto a esta tierra.

La ignominia de nuestro pasado, en otras palabras, es parte de qué y quiénes somos. Recuerdo la historia no para honrar a los antiguos opresores, sino para rendir homenaje al testimonio y a la grandeza de alma de los oprimidos. Es muy peligroso recordar la culpa de los otros para proclamar mi propia inocencia.

Claro que los que derribaron las estatuas lo hicieron para llamar la atención sobre los agravios del pasado, y para negar cualquier tipo de homenaje a quienes los perpetraron. Pero cuando juzgo el pasado con los ojos del presente, queriendo depurarlo de su vergüenza, corro el riesgo de cometer otras injusticias y de reducir la historia de una persona a las faltas que cometió.

En el pasado siempre hay situaciones de vergüenza: solo hay que leer la genealogía de Jesús en los Evangelios, que incluye —como en todas las familias— unos cuantos personajes que no son precisamente la "Beata Imelda" (expresión argentina para decir que alguien no es puro). Jesús no rechaza ni a su pueblo ni a su historia, los asume y nos enseña a hacer lo mismo: sin cancelar la vergüenza del pasado sino asumiéndola tal cual es.

Es cierto que siempre se derribaron estatuas y se sustitu-
yeron por otras, cuando lo que representaban había perdido
su significado para la nueva generación. Pero esto debería hacerse creando consensos, con debate y diálogo, no mediante
actos de fuerza. En ese diálogo, el objetivo debe ser aprender
del pasado en vez de juzgarlo con la óptica de hoy. Tenemos
que mirar el pasado con ojos críticos, pero también con empatía para entender por qué la gente aceptaba como normales
las cosas que ahora nos parecen horrendas. Y entonces, si hay
que pedir perdón por errores institucionales de aquella época,
se pide, pero siempre teniendo en cuenta el contexto de ese
momento. No es justo juzgar el pasado con la hermenéutica
de hoy.

Aunque en su momento estuviera justificado, no quiere
decir que fuera correcto en aquella época. Pero la humanidad
evoluciona, nuestra conciencia moral se desarrolla. La historia es como es y no como quisiéramos que fuera. Cuando in-
tentamos derribar la historia real para instaurar una realidad
ideológica, es mucho más difícil ver lo que nuestro presente
necesita cambiar para poder avanzar hacia un futuro mejor.

Durante mucho tiempo hemos pensado que podíamos estar
sanos en un mundo enfermo. Pero la crisis nos ha hecho caer
en la cuenta de lo importante que es trabajar por un mundo
sano.

El mundo es el don de Dios a nosotros. El relato bíblico
sobre la creación tiene una máxima constante: "Y Dios vio que
era bueno" (Génesis 1, 12). Bueno significa abundante, vivi-
ficante, bello. La belleza es la puerta de entrada a la conciencia ecológica. Cuando escucho "La creación" de Haydn, me

transporta a la gloria de Dios que se expresa en la belleza de todas las cosas creadas. Al final, en el largo dúo de Adán y Eva, encontrás a un hombre y una mujer extasiados por la belleza que les fue regalada. La belleza, la creación misma, es puro regalo, signo de Dios que se desborda en amor por nosotros.

Si alguien que te ama te da un regalo hermoso y valioso, ¿cómo lo cuidás? Tratar el regalo con desprecio es tratar al dador con desprecio. Si lo valorás, si lo admirás, lo vas a cuidar; no lo despreciás, lo respetás y te sentís agradecido. El daño a nuestro planeta nace de perder esa conciencia de gratitud. Nos hemos acostumbrado a poseer y poco o nada a agradecer.

Mi propia toma de conciencia de esta verdad comenzó a germinar en una reunión de obispos de América Latina en el santuario de Aparecida en Brasil en mayo de 2007. Yo estaba en el comité de redacción del documento final del encuentro y, al principio, me fastidiaba un poco que los brasileños y obispos de otros países quisieran dedicar una gran parte del documento a la Amazonia. A mí me parecía excesivo.

El año pasado convoqué un sínodo especial sobre la Amazonia.

¿Qué pasó entre los dos momentos? Después de Aparecida la cosa se fue asentando. Fui viendo noticias: por ejemplo, el gobierno de una isla conocida del Pacífico compró tierras en Samoa para trasladar ahí a toda su población porque en veinte años la isla estará debajo del mar. En otro momento, un misionero del Pacífico me comentó que iba en un barco y vio un árbol en el mar, entonces le pregunta al conductor: "¿Ese árbol ha sido plantado en el mar?". El conductor le responde: "No, ahí había una isla que ya no está mas".

Y así, con tantos encuentros, diálogos y anécdotas se me fueron abriendo los ojos, fue como despertar. Vos en la noche no ves nada, y poco a poco se va haciendo la luz y ves el día. Ese fue mi proceso, muy sereno, muy tranquilo, con datos que iba conociendo, hasta que llegué a la convicción de que la cosa era seria. Fue una inquietud que iba hablando con otros, lo cual me ayudaba. Y en concreto quiero señalar la ayuda que recibí leyendo los escritos del patriarca Bartolomé sobre este tema. Al compartir inquietudes, veíamos horizontes y límites.

Así se fue gestando mi conciencia ecológica. Vi que era de Dios, porque fue como esa experiencia espiritual que San Ignacio describe como la gota de agua en la esponja: suave, sin hacer ruido, pero insistente. Lentamente, como el amanecer, fue creciendo una visión ecológica. Empecé a ver la unidad entre la ecología y lo humano, y cómo el destino de la humanidad está unido inseparablemente al destino de nuestra casa común.

Es una conciencia, no una ideología. Hay movimientos verdes que transforman la vivencia ecológica en ideología, pero la conciencia ecológica es conciencia, no es ideología. Es una conciencia en la que se juega el destino de la humanidad.

Después de haber sido elegido Papa, pedí a expertos en clima y ciencias ambientales que recogieran los mejores datos disponibles sobre el estado de nuestro planeta. Después pedí a algunos teólogos que reflexionaran sobre esos datos y dialogaran con los expertos de todo el mundo sobre esas áreas. Los teólogos y los científicos trabajaron en conjunto hasta lograr una síntesis.

Mientras se trabajaba en esto, viajé a Estrasburgo en Francia en 2014 a dar una conferencia en el Consejo de Europa. El presidente Hollande mandó a su ministra de Ambiente, que en ese momento era Ségolène Royal, a recibirme. Mientras charlábamos en el aeropuerto me dijo que se había enterado de que yo estaba escribiendo una carta encíclica sobre el cuidado del medio ambiente. Le expliqué un poco cómo era la cosa y me dijo que por favor la publicara antes de la reunión de los jefes de Estado que debía tener lugar en París en diciembre de 2015.[3] Quería que esa reunión saliera bien. Y salió bien, aunque después algunos se asustaron y se replegaron. Me alegré de que *Laudato Si'* haya jugado un papel para el resultado de esa reunión: el compromiso vital de reducir el calentamiento global.

Laudato Si' no es una encíclica "verde". Es una encíclica "social". Lo verde y lo social van juntos: el destino de la Creación está unido al destino de las personas, de los hombres y mujeres, de la humanidad entera. Cuando doy audiencias en la Plaza de San Pedro, saludo a las tres o cuatro filas de enfermos que hay. En el caso de los chicos sobre todo, pregunto: ¿qué tiene? Diría que el cuarenta por ciento son "enfermedades raras" que vienen del descuido ecológico, del mal manejo de los residuos, de un uso indiscreto de los pesticidas que continuamente se están experimentando que, entre otras cosas terminan por enfermar a las personas hipotecando el futuro de las generaciones que vendrán. Muchas veces los médicos no saben qué hacer: si es una enfermedad rara, saben más o menos el origen, pero como la sufre poca gente, a los laboratorios no les resulta rentable hacer investigaciones para encontrar el remedio.

Hoy día no podés comer una manzana sin pelarla porque te puede hacer daño. Los médicos aconsejan a las mamás que no les den a los chicos menores de cuatro años pollos de criadero, porque son engordados con hormonas que van a causar al chico un desequilibrio muy grande.

O sea, no es una cosa de ideología. Es tocar una realidad

que nos amenaza. La humanidad se está de alguna manera enfermando cada vez más junto con la casa común, con el ambiente, con la creación.

Hace un año me contaron los pescadores de la ciudad italiana de San Benedetto del Tronto que habían pescado toneladas de plástico. Es una escuadra con barcos relativamente pequeños, tripulación de seis o siete por barco, no más. Este año volvieron y me dijeron que sacaron veinticuatro toneladas de descarte, de cosas tiradas, de las cuales la mitad, o sea doce toneladas, eran plástico. Han tomado como mística no volverlos a tirar al mar. Con los peces recogen el plástico y lo separan en los barcos. Eso les cuesta plata, evidente. ¿Cuántas veces se encuentran peces muertos ahogados por algún plástico que se comieron?

Laudato Si' conecta el consenso de la comunidad científica sobre la destrucción del medio ambiente con el olvido de lo que somos, el rechazo a nosotros mismos como criaturas de un Creador que nos ama, viviendo dentro de su creación, pero contrarios a ella. Lo que vi fue la tristeza de una humanidad rica en conocimiento técnico, pero carente de la seguridad interior de reconocerse como criatura del amor de Dios, un conocimiento que se expresa en nuestro respeto simultáneo por Dios, los demás y la creación.

Para hablar sobre la creación se necesitan poesía y belleza. Junto a la belleza va el sentido de la armonía, que dejamos de lado cuando hacemos consideraciones parciales y olvidamos otras realidades. La existencia pierde la armonía cuando nos centramos en lo técnico y lo abstracto y perdemos nuestras raíces en el mundo natural. Cuando descuidamos a la Madre Tierra, perdemos no solo lo que necesitamos para sobrevivir sino también la sabiduría de la buena convivencia.

Una humanidad impaciente con los límites que la naturaleza enseña es una humanidad que no ha podido subordinar el poder de la tecnología. Significa que la tecnología dejó de ser nuestro instrumento y se convirtió en nuestro amo. Cambió nuestra forma de pensar. ¿Cómo? Nos volvimos más intolerantes con los límites: si se puede hacer y es rentable, no vemos ninguna razón para no hacerlo. Comenzamos a creer en el poder, confundiéndolo con el progreso, y así todo aumento en nuestra capacidad se ve como un beneficio.

La señal de que nuestras conciencias fueron distorsionadas por la tecnología es nuestro desprecio por la debilidad. Nos volvemos sordos al grito de los pobres y al grito de la naturaleza. En la medida que perdemos el sentido de gratitud por el regalo de Dios y la creación, dejamos de valorarnos unos a otros y al mundo creado.

Nuestro pecado radica en no reconocer el valor, en querer poseer y explotar aquello que no valoramos como un don. El pecado tiene siempre una raíz de posesión, de enriquecimiento a costa del otro y de la creación. Es la misma mentalidad pecaminosa que mencionamos al hablar sobre los abusos. El pecado está en explotar una cosa que no debe ser explotada, sacar riqueza (o poder, o satisfacción) de donde no se debe sacar. El pecado es el rechazo de los límites que exige el amor.

Por eso hablé en *Laudato Si'* de una mentalidad distorsionada, el "paradigma tecnocrático". Es una forma de pensar que desprecia el límite que el valor del otro impone. Allí señalé que hace falta una conversión ecológica, no solo para evitar que la humanidad destruya a la naturaleza, sino para evitar que se destruya a sí misma. Hice un llamamiento a favor de una "ecología integral", una ecología que es mucho más que cuidar de la naturaleza; es cuidarnos unos a los otros como criaturas de un Dios que nos ama, y todo lo que eso implica.

Es decir, si pensás que el aborto, la eutanasia y la pena de muerte son aceptables, a tu corazón le va a resultar difícil preocuparse por la contaminación de los ríos y la destrucción de la selva. Y lo inverso también es cierto. Así que, aunque la gente siga sosteniendo vehementemente que son problemas de un orden moral distinto, mientras se insista en que el aborto está justificado, pero no la desertificación, o que la eutanasia está mal, pero la contaminación de los ríos es el precio del progreso económico, seguiremos estancados en la misma falta de integridad que nos llevó a donde estamos.

Creo que el Covid-19 está dejando esto en evidencia para el que tenga ojos para ver. Este es un tiempo para ser coherentes, para desenmascarar la moralidad selectiva de la ideología y de asumir plenamente lo que implica ser hijos de Dios. Por eso creo que la regeneración de la humanidad debe empezar con la ecología integral, una ecología que tome en serio el deterioro cultural y ético que va de la mano con nuestra crisis ecológica. El individualismo tiene consecuencias.

Toda alteración de la vida cotidiana desencadena los más variados sentimientos y reacciones. En algunos casos, en la cuarentena, la violencia doméstica aumentó porque mucha gente no sabe cómo vivir juntos. Se constató el aumento en la agresión, el abuso sexual y físico, cosas muy dolorosas. Pero en otros casos, la cuarentena hizo aflorar sentimientos fraternos que fortalecieron los vínculos. Los padres pudieron jugar más tiempo con sus hijos, los esposos y esposas tuvieron la oportunidad de hablar con mayor profundidad.

El "parate" puede ser siempre un buen tiempo de cribar, de revisar el pasado, de recordar con gratitud quiénes somos, qué hemos recibido y en qué momento nos extraviamos.

Son coyunturas que pueden resultar favorables en la vida para el cambio y la conversión. Cada uno ha tenido su propio "parate", y si no lo tuvo hasta ahora, seguro que lo tendrá en el futuro: la enfermedad, un fracaso matrimonial o empresarial, alguna gran decepción o traición. Como en la cuarentena por el Covid, esos momentos generan una tensión, una crisis que revela lo que hay en el corazón.

En tales momentos, necesitamos dejarnos acompañar. Muchos les tenemos alergia a los médicos, pero si querés evitar un sufrimiento innecesario o incluso el riesgo de agudizar una enfermedad o el dolor, tenés que dejarte acompañar. Lo mismo ocurre cuando estás sufriendo una crisis interna o personal; necesitás encontrar gente sabia, que haya pasado por alguna prueba de fuego, gente que pueda ayudarte a navegar lo que vendrá.

En todo "Covid" personal, por decirlo de alguna manera, en todo "parate", lo que se revela es lo que tiene que cambiar: nuestra falta de libertad interior, los ídolos que estábamos sirviendo, las ideologías que han conformado nuestra vida, las relaciones que descuidamos. ¿Cuál es el fruto más grande de un "Covid" personal? Diría que la paciencia, condimentada con un sano sentido del humor, que nos permite aguantar y crear espacio para el cambio.

Me vienen a la mente dos personajes bíblicos que tuvieron su "Covid" personal y nos pueden ayudar a entender el nuestro. Primero, el "Covid" de Saulo/Pablo. Pensá en lo que le pasó a ese luchador, lleno de celo e ideales. Le indignaba la deformación del judaísmo que llevaban adelante los discípulos de Jesús y estaba decidido a aplastarlos. Sentía absoluta claridad y seguridad en sí mismo cuando se enfrentó a un acontecimiento que le trastocó todas sus prioridades.

Su encuentro con Cristo lo tiró por el piso: quedó ciego y cambió todo. No vivió más para una idea sino para la persona a quien reconoció como su Señor. Aunque el cambio fue drástico, le llevó tiempo procesarlo. Se dejó ayudar, se dejó purificar, se fue a Arabia, y recién después de catorce años empezó a hablar con los apóstoles, el que conocemos como Pablo. Es interesante notar cómo en la Biblia estos procesos van siempre acompañados por el cambio de nombre, son procesos que forjan una nueva identidad: de Saulo a Pablo.

El rey David tuvo tres momentos fuertes de rupturas, de crisis: tuvo su propio "Covid." En el primero, intentó resolver el adulterio con un crimen atroz —mandó matar a Urías, el esposo de Betsabé— pero al final pudo ver el mal que había cometido y se arrepintió. Se levantó y comenzó de nuevo. Pero luego vino el segundo "Covid", después el orgullo y la autosuficiencia se apoderaron de él, y en vez de confiar en Dios, quiso aumentar su poder sobre el pueblo haciendo un censo. Después se arrepintió y lo resolvió pidiéndole compasión a Dios para su pueblo: Castigame a mí, dice, estos son inocentes.

Finalmente vino el "Covid" de la fuga de David, cuando su hijo Absalón lo traiciona y tiene que huir de Jerusalén. Semei insulta y apedrea a David y uno de sus generales le dice: "¿Cómo se atreve ese perro hediondo a insultarte? Déjame pasar el torrente, y le corto la cabeza" (2 Samuel 16, 9), pero David le dice que no: "Si mi propio hijo quiere matarme, con mayor razón este hombre de la tribu de Saúl. Déjenlo que me maldiga si Yahvé se lo ha mandado" (2 Samuel 16, 11). David se humilla.

Estos relatos bíblicos que compartimos nos muestran que la crisis es un tiempo de purificación. Todos nos llevan al mismo lugar, a una humillación de nuestra soberbia y a confiar en Dios.

Dos "Covid" más en la Biblia me vienen a la cabeza, en donde la crisis no surge por el pecado o la desgracia sino por descuido de un don. Eso es lo que les pasa a Salomón y Sansón. Los dos reciben un gran don: Salomón está dotado de la inmensa sabiduría que pidió, y Sansón recibe la enorme fuerza que necesita para luchar contra los enemigos. Pero los dos terminaron mal, porque descuidaron el don recibido.

Salomón era un hombre de un éxito total, el más sabio y el más rico de su tiempo. La reina de Saba dice que nunca había visto un palacio tan organizado con banquetes tan exquisitos y ropas tan espléndidas. Una organización de primera, famosa en el mundo conocido. Pero a la reina también le impresiona la gran sabiduría de Salomón. Él le había pedido a Dios el don del discernimiento y eso fue lo que recibió. De ahí la famosa historia sobre cómo juzga el caso de las dos mujeres que pretenden ser la madre del mismo chico. Todo el pueblo de Israel estaba asombrado por la sabiduría que Dios le había dado a Salomón.

Pero el corazón de Salomón se fue enfriando a medida que el ego se le fue agrandando. Se volvió autocomplaciente, como si hubiera merecido el don que recibió. Se puso permisivo en todo, pero especialmente frente a aquello en que no podía ponerse permisivo: el culto a Dios, la fuente de sus dones. San Gregorio Magno lo explica en su obra, *Morales sobre el Libro de Job*, donde reflexiona sobre la figura de Job. Cuando una persona débil recibe muchos halagos, dice Gregorio, "encontrando así mayor placer en ser llamada dichosa que en serlo realmente", gradualmente, en la búsqueda del halago y los aplausos, "aquello que había de serle motivo de la alabanza en Dios, se le convierte en causa de separación de Él".[4]

Salomón termina mal, rodeado de enemigos, con el reino dividido, un pobre tipo. Y con Sansón pasa básicamente lo mismo: un hombre increíblemente fuerte con una debilidad mortal, se deja seducir y lo capturan después de confesarle a Dalila su secreto y ella lo traiciona. Con el tiempo recobra su fuerza y su identidad, rearma su vida de fidelidad a Dios y termina con un acto heroico. Hay vida después de la crisis, hay vida después del Covid.

El "Covid" de Salomón y el de Sansón son ejemplos de un tipo positivo de "parate", porque nos rescata de la mundanidad, del bienestar autoindulgente, del *benessere* como dicen en Italia. El fruto del bienestar egoísta es la esterilidad. El invierno demográfico que vivimos ahora en muchos países occidentales es fruto de la cultura complaciente del bienestar egoísta. Es difícil para la gente entender cómo el *benessere*, que parece algo deseable, puede ser un estado del que necesitamos ser rescatados. Pero esa es una de las principales lecciones que podemos tomar de los Covid de Salomón y Sansón.

Tuve tres situaciones "Covid" en mi propia vida: la enfermedad, Alemania y Córdoba.

Cuando a los veintiún años me enfermé con algo grave, tuve mi primera experiencia con el límite, con el dolor y la soledad. Me cambiaron las pautas. Durante meses, no sabía quién era y si me moría o no. Ni los médicos sabían si iba a sobrevivir. Me acuerdo que un día le pregunté a mi madre, abrazándola, si me iba a morir. Estaba cursando el segundo año del seminario diocesano en Buenos Aires.

Me acuerdo de la fecha: el 13 de agosto de 1957. Un prefecto, que se dio cuenta de que lo mío no era el tipo de gripe que se cura con aspirina, me llevó al hospital. De entrada, me sacaron un litro y medio de agua del pulmón, y ahí me quedé peleando por vivir. En noviembre me operan para quitarme el lóbulo superior derecho de uno de los pulmones. Tengo experiencia de cómo se sienten los enfermos de coronavirus que luchan por respirar conectados a un ventilador.

Recuerdo especialmente de ese tiempo a dos enfermeras. Una era la jefa de sala de la enfermería, una hermana dominica que antes de ser enviada a Buenos Aires había sido docente en Atenas. Más tarde supe que, después de que el médico me examinara por primera vez y se fuera, ella les dijo a las enfermeras que duplicaran la dosis de los medicamentos que había indicado —básicamente penicilina y estreptomicina— porque su experiencia le decía que me estaba muriendo. La hermana Cornelia Caraglio me salvó la vida. Gracias a su contacto habitual con enfermos sabía mejor que el médico lo que los pacientes necesitaban y tuvo el coraje de utilizar esa experiencia.

Otra enfermera, Micaela, hizo lo mismo cuando tenía un dolor intenso. Me daba en secreto dosis extra de los calmantes, por fuera de los horarios estipulados. Cornelia y Micaela ya están en el cielo, pero siempre estaré en deuda con ellas. Pelearon por mí hasta el final, hasta mi recuperación. Me enseñaron lo que significa usar la ciencia y también saber ir más allá para atender las necesidades particulares.

Aprendí otra cosa de esa experiencia: la importancia de evitar la consolación barata. La gente me visitaba y me decía que iba a estar bien, que con todo ese dolor nunca iba a tener que sufrir de nuevo —tonterías, palabras vacías que se decían con buenas intenciones pero que nunca me tocaron el corazón—. La persona que me llegó con más profundidad, con su silencio, fue una de las mujeres que marcaron mi vida: la hermana María Dolores Tortolo, que me enseñó cuando era chico y me preparó para mi Primera Comunión. Me vino a ver, me tomó de la mano, me dio un beso y no dijo nada por un buen rato, hasta que después me dijo: "Estás imitando a Jesús". No necesitó decir más nada. Su presencia, su silencio, me resultaron profundamente consoladores.

Después de esa experiencia, tomé la decisión de hablar lo menos posible cuando visito a enfermos. Solo los tomo de la mano.

La enfermedad grave que viví me enseñó a depender de la bondad y la sabiduría de los demás. Mis compañeros seminaristas venían a donar sangre, a visitarme y a acompañarme, noche tras noche en esa difícil situación. Esas cosas no se olvidan. ¿Cómo salí de ese "Covid"? Salí más realista, salí mejor. Me dio espacio para repensar mi vocación. Ya venía sintiendo que mi vocación era para la vida religiosa, y estaba pensando en los salesianos, los dominicos, quizás los jesuitas. Conocía a los jesuitas del seminario, porque eran los que lo dirigían, y me impresionaba su misionariedad. Mientras me recuperaba de la operación al pulmón lejos del seminario, tuve tiempo y espacio para repensar, y me dio la tranquilidad que necesitaba para tomar la decisión definitiva de entrar en la Compañía de Jesús.

El tiempo en Alemania, en 1986, lo podría llamar el "Covid del destierro". Fue un destierro voluntario porque fui a perfeccionar el alemán y buscar material para mi tesis, pero me sentí como sapo de otro pozo. Me escapaba a dar algún paseíto en dirección al cementerio de Frankfurt y desde allí se veían los aviones aterrizar y despegar; tenía nostalgia de mi patria, de volver. Recuerdo el día que Argentina ganó el Mundial. No quise ver el partido y solo supe que habíamos ganado al otro día cuando leí el diario. En mi clase de alemán nadie dijo una palabra, pero cuando una muchacha japonesa escribió en el pizarrón "Viva Argentina", los demás se rieron. Cuando entró la profesora, dijo que lo borraran y nada más.

Era la soledad de un triunfo solo, porque nadie te lo compartía; la soledad de no pertenecer, que te desinstala. Te sacan de donde sos y te llevan a un lugar que no conocés, y en el proceso aprendés lo que realmente importa en el lugar que dejaste.

A veces el desarraigo puede ser una sanación o una transformación radical. Ese fue mi tercer "Covid", cuando me mandaron a Córdoba entre 1990 y 1992. Este tiempo tuvo su raíz en mi modo de conducir, primero como provincial y después como rector. Seguramente alguna cosa buena hice, pero a veces era muy duro. En Córdoba me pasaron la boleta y tenían razón.[5]

Pasé un año, diez meses y trece días en esa residencia jesuita. Celebraba la Misa, confesaba y ofrecía dirección espiritual, pero no salía para nada, solamente cuando tenía que ir al correo. Fue una especie de cuarentena, de aislamiento, como tantos hemos hecho en estos meses, y me hizo bien. Me llevó a madurar ideas: escribí y recé mucho.

Hasta ese momento tenía una vida ordenada en la Compañía, en base a mi experiencia primero como maestro de novicios y luego, desde 1973, cuando me nombraron provincial, hasta 1986, cuando terminé mi período como rector. Me había instalado en ese modo de vivir. Un desarraigo de ese tipo, donde te mandan a un rincón de la cancha y te hacen sentar en categoría de suplente, te mueve todo. Tus costumbres, los reflejos de conducta, las pautas referenciales anquilosadas con el tiempo, todo esto te desinstala y tenés que aprender a vivir de nuevo, a rearmarte.

Lo que me impresiona hoy, viendo aquello, son tres cosas en particular. Primero, la capacidad de oración que se me regaló. Segundo, las tentaciones que experimenté. Y tercero —y es la cosa más extraña— cómo se me ocurrió leer los treinta y siete tomos de la *Historia de los papas* de Ludwig Pastor. Se me podría haber ocurrido leer una novela, o algo más interesante. Desde donde estoy ahora, me pregunto por qué Dios me habrá inspirado a leer eso en aquel momento. El Señor me preparó con esa vacuna. Una vez que conocés esa historia, no hay mucho de lo que pase en la Curia Romana y en la Iglesia de hoy que pueda sorprenderte. ¡Me ha servido mucho!

El "Covid" de Córdoba fue una verdadera purificación. Me dio mayor tolerancia, comprensión, capacidad de perdón. También me dio una nueva empatía por los débiles y los indefensos. Y paciencia, mucha paciencia, que es el don de entender que las cosas importantes llevan tiempo, que el cambio es orgánico, que hay límites, y que tenemos que trabajar dentro de ellos y mantener al mismo tiempo los ojos en el horizonte, como hizo Jesús. Aprendí la importancia de ver lo grande en lo pequeño, y a estar atento a lo pequeño en las cosas grandes. Fue un período de crecimiento en muchos sentidos, como el rebrote después de una poda a fondo.

Pero tengo que estar atento, porque cuando caés en ciertos defectos, en ciertos pecados y te corregís, el diablo, como dice Jesús, vuelve, ve la casa "bien barrida y todo en orden" (Lucas 11, 25) y va a buscar otros siete espíritus peores que él. El fin de ese hombre, dice Jesús, es mucho peor que el principio. De eso me tengo que cuidar ahora en mi tarea de gobierno de la Iglesia, de no caer en los mismos defectos que tuve cuando fui superior religioso.

Esta "segunda tentación" es la especialidad de los diablos educados. Cuando Jesús dice que el diablo manda siete demonios peores que él, dice que "entran y viven allí". Es decir, uno los deja entrar. Tocan el timbre, son amables, piden permiso para todo, pero toman posesión de la casa de todos modos. Es la tentación del demonio disfrazado de ángel de luz que Jesús nos muestra en estos pasajes.[6]

El retorno del demonio en la tentación es una larga tradición en la historia de la Iglesia. Pensá en las tentaciones de San Antonio o de Teresita de Jesús, por ejemplo, que pide que le tiren agua bendita porque el diablo la está rodeando para hacerla caer a último momento. Yo a mi edad debería tener anteojos especiales para tratar de ver cuándo el diablo me rodea para hacerme caer en mi último momento, porque estoy al final de mi vida.

Estos fueron mis principales "Covid" personales. Lo que aprendí es que vos sufrís mucho, pero si dejás que te cambie, salís mejor. Pero si te atrincherás, salís peor.

Hoy veo mucho atrincheramiento. La gente con más interés en mantener la manera actual de hacer las cosas está haciendo justamente eso, tratando de conservar el mismo modo de hacer las cosas. Hay líderes que hablan de hacer algunos ajustes, pero básicamente con el mismo esquema. Cuando hablan de "recuperación", lo que quieren decir es barnizar un poco más el futuro, darle unas cuantas pinceladas acá y allá, pero esencialmente asegurarse de que no cambie nada. Y eso es ir a un fracaso cada vez mayor, que puede llevar a una enorme explosión social.

Algo parecido pasó después de la crisis financiera de 2008, cuando los gobiernos gastaron miles de millones de dólares para rescatar a los bancos y las entidades financieras, y la gente tuvo que bancarse una década de austeridad. Esta vez no podemos cometer el mismo error. Si la opción es entre salvar vidas o salvar el sistema financiero, ¿qué vamos a elegir? Y, si vamos de camino a una recesión global, ¿adaptaremos la economía a las necesidades de la gente y la creación o los seguiremos sacrificando para mantener el *statu quo*?

Para mí está claro: tenemos que rediseñar la economía para que ofrezca a todas las personas una vida digna a la vez que proteja y regenere la naturaleza.

Por otro lado, lo que veo —y esto me da esperanza— es un movimiento del pueblo que reclama un cambio de fondo, un cambio que venga de las raíces, de las necesidades concretas, que surja de la dignidad y de la libertad de los pueblos. Este es el cambio de fondo que necesitamos, el cambio que surge de las personas capaces de encontrarse, organizarse y generar propuestas de dimensiones humanas.

Me viene a la mente el libro de Nehemías. Nehemías siente la vocación a rehacer Jerusalén, y convence a su pueblo. Y el pueblo se levanta contra los descreídos que lo tenían bajo su poder, e incluso los que le hacían la guerra. En el capítulo 4 hay un versículo que describe cómo algunos trabajaban mientras otros hacían guardia para protegerlos, y después cómo con una mano trabajaban y con la otra tenían una espada. Es decir, sabían que tenían que defender su futuro para que no se rearmase la tragedia anterior.

El libro de Nehemías, en particular los primeros ocho

capítulos, nos puede iluminar mucho en este momento: toda la lucha en favor de los pobres y la restauración de la dignidad de las personas, hasta la experiencia del gozo de haber logrado aquello por lo que se luchaba. Un gozo que los lleva a las lágrimas al escuchar el Libro de la ley que habían recuperado; al final Nehemías les dice que vayan a su casa y festejen. No estén tristes, les dice, "la alegría de Yahvé es su fortaleza" (Nehemías 8, 10). Es la alegría que da fuerzas para seguir adelante.

Hoy nuestros pueblos no están alegres: hay una tristeza que el placer y la distracción no pueden aliviar. Mientras una parte de la humanidad sufra la miseria más absoluta, ¿cómo podemos estar alegres? Paralelamente vemos un despertar, se está reclamando un cambio, se sabe que lo que fue no es todo lo que está por venir. La alegría del Señor es nuestra fortaleza, pero también sabemos que nos espera un camino por delante antes de poder comer, beber y alegrarnos por el nuevo modo de vivir.

Hoy es necesario evitar replegarnos en los esquemas individuales e institucionales que nos llevaron a las crisis que rodean toda esta situación: la hiperinflación de lo individual combinada con instituciones débiles y el control despótico de la economía por parte de unos pocos. Veo, sobre todo, la necesidad urgente de fortalecer las instituciones, que son una reserva vital de energía moral y amor cívico.

Las escuelas y hospitales, las redes de instituciones cívicas son vitales para que la gente participe en la sociedad. Con el Covid global, muchas de nuestras instituciones se han visto debilitadas, degradadas, empobrecidas y desvalorizadas; pero las necesitamos.

De todas las instituciones, la familia es probablemente la

más baqueteada hoy día. Ha perdido, o al menos se ha desdibujado, su identidad social como la "primera sociedad", donde la persona se forma como miembro de algo más grande, con derechos, deberes y seguridad. Erosionar la familia es debilitar letalmente los vínculos de pertenencia de los que todos dependemos. Esto lo ves en la tragedia de los jóvenes y la gente mayor aislados unos de otros. Es una intuición, pero hace tiempo que creo que, si prestamos atención a ambos grupos, si los incorporamos y los unimos entre sí, pasarán grandes cosas.

La hiperinflación del individuo va de la mano de la debilidad del Estado. Una vez que la gente pierde el sentido del bien común, la historia muestra que caemos en la anarquía, el autoritarismo, o ambos: nos volvemos una sociedad violenta e inestable. Ya estamos ahí: pensá en la cantidad de gente que muere todos los años por violencia con armas en las Américas. Desde que estalló esta crisis, la venta de armas en Estados Unidos batió todos los récords.

Sin el "nosotros" de un pueblo, de una familia, de las instituciones, de la sociedad que trasciende el "yo" de los intereses individuales, la vida se fractura rápido y se vuelve violenta; se genera una batalla por la supremacía entre sectores e intereses y, si el Estado ya no puede gestionar la violencia en pos de la paz social, puede terminar fomentando la violencia para defender sus propios intereses.

Todavía no llegamos a ese punto. La crisis nos devolvió el sentido de que nos necesitamos mutuamente. Ahora es el momento para un nuevo proyecto Nehemías, un nuevo humanismo que pueda canalizar esta irrupción de fraternidad para terminar con la globalización de la indiferencia y la hiperinflación del individuo. Tenemos que sentir de nuevo que nos necesitamos unos a otros, que somos responsables de los demás, incluso de los no nacidos y de los que todavía no son considerados ciudadanos.

Podemos reorganizar la manera en que vivimos juntos para elegir mejor lo que importa. Podemos trabajar juntos para lograrlo. Podemos aprender lo que nos hace avanzar y lo que nos hace retroceder. Podemos elegir.

SEGUNDA PARTE

TIEMPO PARA ELEGIR

E NTRE EL PRIMER PASO, QUE ES acercarte y dejarte golpear por lo que ves, y el tercer paso, que es actuar concretamente para salvar y reparar, hay un segundo paso intermedio esencial: discernir y elegir. Un tiempo de prueba es siempre un tiempo para distinguir los caminos del bien que nos conducen al futuro, de otros caminos que no nos llevan a ningún lado o nos hacen retroceder. Si tenemos claridad, podemos elegir mejor el primero.

Para este segundo paso, no solo necesitamos estar abiertos a la realidad sino también tener un sólido conjunto de criterios que nos guíen: sabernos amados por Dios, llamados como pueblo al servicio y a la solidaridad. También necesitamos una sana capacidad para la reflexión y el silencio, necesitamos lugares de refugio de la tiranía de lo urgente. Sobre todo, necesitamos de la oración, oír el llamado del Espíritu y cultivar el diálogo en una comunidad que contenga e invite a soñar. Con estas armas, podemos leer los signos de los tiempos y optar por un camino que nos haga bien a todos.

Los gauchos de Argentina y los *cowboys* de Estados Unidos dan el mismo consejo: "No cambies de caballo en medio del río". En tiempos de prueba tenemos que ser firmes en la fe, mantenernos fieles en lo que importa. Una crisis es casi siempre resultado del olvidar quiénes somos, y el camino para avanzar implica recordar nuestras raíces.

Este es un tiempo para recuperar valores en el sentido real de la palabra: volver a lo auténticamente valioso. El valor de la vida, de la naturaleza, de la dignidad de la persona, del trabajo, de los vínculos —son todos valores claves para la vida humana, que no pueden negociarse ni sacrificarse—. Me sorprende cuando oigo hablar a gente de "valores no negociables". Todos los verdaderos valores, los valores humanos, son no negociables. ¿Puedo decir qué dedos de la mano tienen más valor que otros? Si es un valor, no puede negociarse.

Jesús nos regaló una serie de palabras claves con las que sintetizó la gramática del Reino de Dios: las bienaventuranzas, que comienzan con la esperanza de los pobres a una vida plena, de paz y fraternidad, de equidad y justicia. Es un mundo donde los valores no se negocian, son sacrosantos. Reflexionando sobre el Reino de Dios, en respuesta a nuestro modo de vida en el mundo moderno, la Iglesia ha establecido unos principios para la reflexión, junto con criterios de juicio que también ofrecen directivas para la acción. Se llama la Doctrina Social de la Iglesia (DSI). Si bien se basan en la reflexión de los Evangelios, estos principios son accesibles a todos y quieren traducir y vehiculizar la buena nueva en el aquí y ahora.

Estos criterios en definitiva son expresiones de amor, es decir, tratan de poner en marcha dinámicas donde las personas se sientan amadas, especialmente los pobres, que pueden experimentar su auténtico valor. Cuando la Iglesia habla de *la opción preferencial por los pobres*, quiere decir que siempre hay que tener en cuenta el impacto en los pobres de las decisiones que tomamos. Pero también significa que debemos poner al pobre en el centro de nuestro modo de pensar. Por medio de esta opción preferencial, el Señor nos regala una nueva perspectiva de juicio y de valor sobre los acontecimientos.

Del mismo modo, cuando la Iglesia habla del *bien común*, nos pide considerar el bien de toda la sociedad. No es suficiente equilibrar las diferentes partes e intereses, ni pensar en términos de la máxima felicidad para el mayor número de personas, como si los intereses de la mayoría avasallaran todos los demás intereses. El bien común es el bien que todos compartimos, el bien del pueblo en su conjunto, así como los bienes a los que cada uno debería tener acceso. Cuando invertimos en el bien común, ampliamos lo que es bueno para todos.

Otro principio de la doctrina social es *el destino universal de los bienes*. Dios quiso que los bienes de la tierra fueran para todos. La propiedad privada es un derecho, pero su uso y las normas aplicables deben tener en cuenta este principio clave. Los bienes de la vida —tierra, techo y trabajo— deben estar al alcance de todos. Esto no es altruismo ni buena voluntad, nace propiamente de la caridad. Los primeros padres de la Iglesia dejaron claro que dar a los pobres es devolverles lo que es de ellos, porque Dios quiso que los bienes de la tierra fueran para todos, sin excluir a nadie.

Es importante mencionar otros dos principios de la DSI: la *solidaridad* y la *subsidiariedad*. La solidaridad reconoce nuestra interconexión: nos reconocemos en la relación con las demás criaturas, tenemos un deber hacia los otros y estamos llamados a participar en sociedad. Esto significa aceptar al extraño, perdonar las deudas, acoger a los discapacitados y trabajar para que los sueños y las esperanzas de los otros se conviertan en propios. Pero la subsidiariedad hace que no tergiversemos la idea de la solidaridad ya que implica reconocer y respetar la autonomía de los demás como sujetos capaces de su propio destino. Los pobres no son objeto de nuestras buenas intenciones, sino sujetos del cambio. No solo actuamos para los pobres, lo hacemos con ellos, como Benedicto XVI explicó muy bien en la segunda parte de su carta encíclica *Deus Caritas Est* (Dios es Amor), de 2007.

¿Cómo aplicamos estos criterios nobles pero abstractos a las pequeñas y grandes decisiones que tomamos? Esto requiere un tipo de reflexión y oración conocido como *discernimiento de espíritus*. Discernimiento significa pensar nuestras decisiones y acciones no como un cálculo meramente racional, sino estar atentos al Espíritu, reconociendo en la oración las motivaciones e invitaciones y la voluntad de Dios. Existe un principio que en estos tiempos es importante recordar: las ideas se discuten, pero la realidad *se discierne*.

Esto es difícil para los impacientes que creen que todos los problemas deben tener una solución técnica, como si se tratara simplemente de dar con la tecla correcta. Muchas personas religiosas también tienen dificultad con el discernimiento, sobre todo aquellos alérgicos a la incertidumbre que buscan reducirlo todo a blanco y negro. Y es casi imposible para los ideólogos fundamentalistas y cualquier persona atrapada en la rigidez. Pero el discernimiento es vital si queremos crear un futuro mejor.

El Covid-19 aceleró el cambio de época que ya estaba en proceso. Por cambio de época no me refiero solamente a un tiempo de cambio, sino a que las categorías y supuestos que antes servían para movernos en el mundo ya no funcionan más. Cosas que pensamos que nunca iban a pasar —el colapso ambiental, la pandemia mundial, el retorno de los populismos— hoy las estamos viviendo. Es una ilusión pensar que podemos volver a donde estábamos. Todo intento de restauración nos conduce siempre a un callejón sin salida.

Frente a esta incertidumbre, la ideología y la rigidez ofrecen un encanto que hay que resistir. El fundamentalismo es un medio de ensamblar el pensamiento y la conducta como refugio para proteger aparentemente a la persona de una crisis. Con los fundamentalismos, las personas quedan "protegidas" de situaciones desestabilizadoras a cambio de cierto quietismo existencial. Te ofrecen una actitud y un pensamiento único, cerrado, como sustituto del tipo de pensamiento que te abre a la verdad. Quien se refugia en el fundamentalismo tiene miedo de ponerse en camino para buscar la verdad. Ya "tiene" la verdad, ya la adquirió y la instrumentaliza como defensa, interpretando cualquier cuestionamiento como agresión a su persona.

El discernimiento, por otro lado, nos permite navegar los contextos cambiantes y las situaciones específicas en nuestra búsqueda de la verdad. La verdad se devela a quien se abre a ella. Verdad en su acepción griega, *aletheia*, tiene que ver con lo que se manifiesta, lo que se devela. La acepción hebrea, *emet*, por el contrario, une el sentido de lo verdadero con la fidelidad, con lo cierto, lo firme, lo que no engaña ni defrauda. La verdad, entonces, tiene ese doble componente. Cuando las cosas y las personas manifiestan su esencia, nos regalan la certeza de su verdad, la confiable evidencia que nos invita a creer en ellas. Para abrirnos a este tipo de certidumbre se necesita humildad en nuestro modo de pensar, hacer espacio al encuentro delicado con la bondad, la verdad y la belleza.

Aprendí esta manera de pensar de Romano Guardini. Me sedujo su estilo, primero a través de su libro *El Señor*. Guardini me mostró la importancia del *pensamiento incompleto*, que te lleva hasta cierto punto y luego te invita a dar espacio a la contemplación. Crea un espacio para que te encuentres con la verdad. Un pensamiento fecundo debería ser siempre incompleto para dar lugar a un desarrollo ulterior. Con Guardini aprendí a no exigir certezas absolutas en todas las cosas, lo cual es signo de un espíritu ansioso. Su sabiduría me ayudó a abordar situaciones complejas que no se pueden resolver solamente con normas, sino con un estilo de pensamiento que permitiera atravesar los conflictos sin quedar atrapado por ellos.

El modo de pensar que propone abre al Espíritu y abre al discernimiento de espíritus. Si vos no te abrís, no podés discernir. De ahí mi "alergia" a los moralismos e intelectualismos que tratan de resolver todos los problemas solamente con recetas, normas y ecuaciones. Como también tengo la misma alergia al relativismo, que es el camuflaje intelectual para justificar el egoísmo. Como Guardini, creo en verdades objetivas y principios sólidos. Estoy agradecido por la solidez de la tradición de la Iglesia, fruto de siglos de pastorear la humanidad, y de *fides quaerens intellectum*, de una fe que busca entender y razonar.

Como John Henry Newman, a quien declaré santo en octubre de 2019, veo la verdad siempre más allá de nosotros, pero llamándonos a través de nuestras conciencias. Es como una "luz amable" que normalmente no llega mediante la razón "sino mediante la imaginación, lo que quiere decir por impresiones directas, por el testimonio de hechos y de acontecimientos, mediante la historia y la descripción", como escribió en su *Ensayo para contribuir a una gramática del asentimiento*. Newman estaba convencido, como lo estoy yo, de que si aceptamos lo que pueden parecer verdades contradictorias a primera vista y confiamos en esa luz amable que nos guía, en algún momento llegaremos a ver una verdad mayor que todavía no conocemos. Me gusta pensar que no poseemos la verdad, sino que la verdad nos posee y constantemente nos atrae desde la belleza y la bondad.

Es una aproximación a la verdad muy distinta a la epistemología de la posverdad, que exige que elijamos en qué lado estamos en vez de oír la evidencia. Sin embargo, no significa que sea un pensamiento estático, cerrado a nuevas posibilidades; contiene tanto un elemento de asentimiento como un elemento de búsqueda continua. Esta ha sido la tradición de la Iglesia: su comprensión y creencias se han ampliado y consolidado a lo largo del tiempo como reflejo de su apertura al Espíritu, según el famoso principio enunciado en el siglo v por san Vicente de Lérins: "Se consolida con los años, se desarrolla con el tiempo y se profundiza con la edad"[7].

La tradición no es un museo, la religión verdadera no es un congelador y la doctrina no es estática, sino que crece y se desarrolla como un árbol que es siempre el mismo, pero se hace más grande y da más fruto. Hay quienes piensan que Dios habló una vez y para siempre solo en el modo y en la forma que ellos conocen y dominan. Oyen la palabra "discernimiento" y temen que sea una manera sofisticada de eludir las reglas o alguna artimaña moderna para degradar la verdad cuando es lo contrario.

El discernimiento es tan antiguo como la Iglesia. Resulta de la promesa que Jesús les hizo a los discípulos: que después de haberse ido, el Espíritu "los guiará a la verdad" (Jn 16, 13). No hay contradicción entre estar sólidamente enraizado en la verdad y, al mismo tiempo, estar abierto a una mayor comprensión. El Espíritu continúa guiándonos, en toda época, a traducir la Buena Nueva en toda circunstancia para que las palabras de Jesús sigan resonando en el corazón de los hombres y mujeres de todos los tiempos. Por eso me gusta la cita de Gustav Mahler: "La tradición es la salvaguarda del futuro y no la custodia de las cenizas".

El Espíritu nos muestra cosas nuevas a través de lo que la Iglesia llama los "signos de los tiempos". Discernir los signos de los tiempos nos permite entender el sentido de los cambios. Al interpretar y rezar sobre eventos o tendencias a la luz del Evangelio, podemos detectar las mociones que reflejan los valores del reino de Dios y su opuesto.

En todas las épocas la gente tiene "hambre y sed de justicia" (Mateo 5, 6), el grito que se eleva desde las periferias de la sociedad. Discernir en este anhelo la moción del espíritu de Dios nos permite abrirnos. Y así, con el pensamiento y la acción, podemos crear un futuro nuevo según el espíritu de las bienaventuranzas.

Por ejemplo, un signo triste de nuestros tiempos es la exclusión y el aislamiento de los ancianos. Un gran número de las muertes por Covid-19 ocurrieron en residencias de ancianos. Los que murieron eran vulnerables no solo por su edad, sino también por las condiciones de vida en muchas de esas residencias: falta de recursos, poca atención, mucha renovación de personal mal pagado. Solía visitar con frecuencia los geriátricos en Buenos Aires, donde los cuidadores hacen un trabajo increíble a pesar de tantos obstáculos. Recuerdo que una vez me contaron que a muchos de los ancianos que allí vivían hacía más de seis meses que los parientes no venían a verlos. El abandono de los ancianos es una enorme injusticia.

La Escritura nos dice que los ancianos son nuestras raíces,

nuestra fuente, nuestro sustento. El profeta Joel oye la promesa de Dios de derramar su Espíritu para renovar a su pueblo: "profetizarán sus hijos y sus hijas, sus ancianos tendrán sueños y sus jóvenes verán visiones" (Joel 2, 28). El futuro nacerá del encuentro de los jóvenes y los ancianos. Como dice un poeta de mi patria, Francisco Luis Bernárdez: "Lo que el árbol tiene de florido vive de lo que tiene sepultado"[8]. Un árbol separado de sus raíces no sólo no da flores ni frutos, sino que se seca. He aquí dos males con el mismo origen: el abandono de los ancianos privados de la visión de los jóvenes y el empobrecimiento de los jóvenes privados de los sueños de los ancianos; y una sociedad que se vuelve seca, estéril, sin frutos.

A la luz del Evangelio y de los principios sociales católicos —la solidaridad, la subsidiariedad, la opción por los pobres, el destino universal de los bienes— es imposible no sentir la necesidad de poner todo de sí para acortar las distancias y que las generaciones se encuentren. ¿Cómo acogemos otra vez a los ancianos en sus familias y restauramos su contacto con los jóvenes? ¿Cómo les regalamos a los jóvenes raíces para que puedan profetizar, es decir, abrir espacios de crecimiento? Aquí entra en juego el discernimiento: ¿qué significa esto para mí y mi familia? ¿Qué significa para nuestras políticas públicas? Podríamos preguntarnos lo mismo sobre los jóvenes sin trabajo, sin oportunidades de estudio, a menudo sumergidos en el doloroso mundo de las drogas.

Podemos sentir el llamado del Espíritu: identificar a los ancianos solos que estén cerca y, junto con otros, ofrecerles nuestra amistad. O quizás quiera asegurarme de que esas residencias sean lo más parecido a una familia, que tengan los fondos necesarios y estén integrados a la comunidad. A un nivel más profundo, nos podemos preguntar qué hicimos para terminar así y considerar las presiones que ejercen el trabajo y la familia que convencen a la gente de que no es posible que los ancianos vivan con ellos.

Vemos la realidad, discernimos y descubrimos allí un signo de Dios. No pretendemos tener las respuestas, pero al aplicar los criterios del Evangelio y el mover del Espíritu, el discernimiento nos permite oír la invitación del Señor y seguirla. Como resultado, nuestra vida se vuelve más rica y profética para responder con la hondura que sólo el Espíritu Santo nos puede regalar.

El cambio de época, acelerado por el Covid-19, es un momento propicio para leer los signos de los tiempos. Se abre un espacio entre las realidades y los desafíos a los que nos enfrentamos y las soluciones que tenemos disponibles. Este espacio se vuelve un espacio para reflexionar, cuestionar y dialogar.

Pensemos, por ejemplo, en la distancia entre la necesidad de proteger y regenerar la Madre Tierra y un modelo económico que considera el crecimiento a cualquier costo como su principal objetivo.

Sin duda que algunas regiones —las áreas más subdesarrolladas o los países recuperándose de la guerra— necesitan que sus economías crezcan con premura y agilidad para poder atender las necesidades básicas de su gente. Pero en las regiones más ricas del mundo, la obsesión por el crecimiento económico constante se ha vuelto desestabilizador, produciendo grandes desigualdades y provocando un desequilibrio en el mundo natural. La expansión ilimitada de la productividad y el consumo supone el dominio absoluto sobre la creación, pero el desastre ambiental que provoca ha destruido los presupuestos de esa manera de pensar. Somos parte de la Creación; no la poseemos. Hasta cierto punto, es ella la que nos posee; no podemos vivir sin ella. Esta crisis es un signo de nuestro tiempo.

El parate del Covid pateó el tablero y nos invita a detenernos, cambiar nuestras rutinas, prioridades y a preguntarnos: ¿y si los retos económicos, sociales y ambientales a los que nos enfrentamos fueran en realidad aspectos diferentes de una misma crisis? ¿Es posible que tengan una misma solución? Si sustituyéramos el objetivo de crecimiento por nuevas formas de relacionarnos, ¿podríamos tener otro tipo de economía, uno que atienda las necesidades de todos dentro de los límites de nuestro planeta?

El paso del discernimiento ayuda a preguntar: ¿qué nos está diciendo el Espíritu? ¿Cuál es la gracia que se nos ofrece y cuáles son los obstáculos y las tentaciones? ¿Qué humaniza y qué deshumaniza? ¿Dónde se esconden las buenas noticias dentro de la sombría realidad, y dónde está el mal espíritu disfrazado de ángel de la luz? Son preguntas para los que buscan y escuchan con humildad, que no solo se aferran a las respuestas, sino que están abiertos a la reflexión y la oración.

Tené cuidado con quienes pretenden ver el futuro con cierta claridad y seguridad. Durante las crisis siempre surgen "falsos mesías" que ignoran la libertad del pueblo para construir su futuro, y se cierran a la acción de Dios que entra en la vida y en la historia de su pueblo. Dios actúa en la sencillez de los corazones abiertos, en los que tienen la paciencia de acampar hasta que aclare.

Discerniendo qué es y qué no es de Dios, comenzamos a reconocer dónde y cómo actuar. Cuando encontramos dónde se desborda la misericordia de Dios, podemos abrir las puertas y colaborar con todos los hombres y las mujeres de buena voluntad para lograr los cambios necesarios.

¿Cómo se distinguen los espíritus? Hablan idiomas diferentes; usan diferentes maneras de llegar a nuestros corazones. La voz de Dios nunca se impone, sino que propone, mientras que el enemigo es estridente, insistente e inclusive monótono. La voz de Dios puede corregirnos, pero con suavidad, siempre animando, consolando, dándonos esperanza. El mal espíritu, en cambio, despierta ilusiones deslumbrantes y sentimientos tentadores, pero pasajeros. Explota nuestros temores y sospechas, y nos seduce con la riqueza y el prestigio. Si no le hacemos caso, nos deprecia y nos acusa: no valés nada.

La voz del enemigo nos distrae del presente y quiere que nos centremos en los miedos del futuro o en la tristeza del pasado. En cambio, la voz de Dios habla al presente, nos anima, nos hace avanzar en lo concreto. Lo que viene de Dios nos dice: "¿Qué es bueno para mí, para nosotros?".

La voz de Dios te abre un horizonte, mientras que el enemigo te pone contra la pared. El buen espíritu te da esperanza mientras el mal espíritu siembra sospecha, ansiedad y culpabilización. El buen espíritu apela a mi deseo de hacer el bien, de ayudar y servir, me da la fuerza para avanzar por el camino recto. El mal espíritu, por el contrario, me encierra en mí mismo y me hace rígido e intolerante. Es el espíritu del miedo y de la queja. Me hace sentir triste, temeroso y quejumbroso. En vez de liberarme, me esclaviza. En vez de abrirme al presente y al futuro, me encierra en el temor y en la resignación.

Aprender a distinguir entre estas dos "voces" nos permite elegir el camino correcto hacia delante, que no es siempre el más evidente; y a evitar tomar decisiones mientras estamos atrapados en los dolores del pasado o en los temores del futuro que nos paralizan.

Un signo es algo que sobresale, que llama la atención. Un signo de esperanza en esta crisis es el protagonismo de las mujeres.

Las mujeres han sido las más afectadas y las más resilientes en esta crisis. Son las que tienden a trabajar en los sectores más afectados por la pandemia —a nivel mundial alrededor del setenta por ciento de los que trabajan en la salud son mujeres— pero también son las que, por su participación en el sector informal o no remunerado, sufren el impacto económico más fuerte.

Los países con mujeres como presidentas o primeras ministras reaccionaron, en términos generales, mejor y más rápido que otros a la pandemia, tomando decisiones con celeridad y comunicándolas con empatía.

¿Qué nos invita a pensar este signo? ¿Qué nos puede estar diciendo el Espíritu?

Pienso en la fortaleza de las mujeres en el Evangelio después de la muerte de Jesús. No se dejaron paralizar por la tragedia, ni trataron de huir. Por amor al Maestro, fueron al sepulcro para ungirlo. Como tantas mujeres en esta pandemia, fueron capaces de asumir la vida como venía, de superar los obstáculos que la situación les imponía y mantener viva la esperanza en sus familias y en la comunidad. Por eso fueron las primeras en recibir el anuncio desbordante: "No está aquí, ha resucitado" (Mateo 28, 6). Fue a las mujeres a quienes el Señor primero anunció la Vida Nueva, porque estaban presentes, atentas y abiertas a una nueva posibilidad.

¿Es posible que la perspectiva que aportan las mujeres en esta crisis sea la que hoy necesita el mundo para hacer frente a los retos que se avecinan?

¿Es posible que el Espíritu nos esté invitando a reconocer, valorar e integrar el pensamiento nuevo que algunas mujeres están trayendo en este momento?

En particular, pienso en mujeres economistas cuya mirada innovadora resulta especialmente oportuna para esta crisis. Su llamado a una reestructuración de los patrones que usamos para gestionar la economía está captando la atención. Su perspectiva nace de su experiencia práctica de la economía "real", que según ellas les ha abierto los ojos a lo inadecuado de las teorías económicas corrientes. A menudo fue su trabajo informal o no remunerado, su experiencia de la maternidad o su gestión del hogar —además de su trabajo académico de alto nivel— lo que las hizo caer en la cuenta de las fallas de los modelos económicos dominantes en los últimos setenta años.

No quiero con esto ponerlas a todas en la misma bolsa solo por ser mujeres. Cada una es diferente y seguramente discreparán entre ellas en muchos aspectos. Sin embargo, resulta llamativo que estas economistas influyentes hayan puesto el énfasis en aspectos descartados desde hace tiempo por el pensamiento dominante: el cuidado de la creación y de los pobres, el valor no monetizado de las relaciones y el sector público, así como también la contribución de la sociedad civil a la generación de la riqueza. Las veo promover una economía más "maternal", centrada no solamente en el crecimiento y en el rédito. Quieren saber cómo las economías pueden orientarse a ayudar a la gente a participar y prosperar en la sociedad. Defienden una economía que no solo regula y arbitra, sino que sostiene, protege y regenera. Estas ideas, menospreciadas desde hace tiempo como idealistas o poco realistas, ahora parecen proféticas y relevantes.[9]

El libro de Mariana Mazzucato, *El valor de las cosas*, fue un gatillo para mi reflexión. Me impactó la manera como los éxitos empresariales, ensalzados por nuestro pensar económico como logros del esfuerzo o el genio individuales, son en realidad fruto de la inversión pública masiva en la investigación y la educación. Sin embargo, los accionistas obtienen enormes ganancias y el Estado se considera una carga para el mercado. También pienso en Kate Raworth, economista de la Universidad de Oxford, que habla de la "economía rosquilla": cómo crear una economía distributiva y regenerativa que saca a la gente del "hueco" de la destitución y evita el "techo" del daño ambiental. Al igual que Mazzucato, Raworth interpela la obsesión irreflexiva por el crecimiento del producto bruto interno (PBI) como único objetivo de los economistas y la política. Puedo mencionar a otras, pero a estas dos personas las conozco por sus contribuciones a las ideas del Vaticano sobre el futuro post-Covid.

No me corresponde evaluar sus teorías —no estoy calificado— pero lo que me interesa es el espíritu, el *ethos* de este pensamiento. Veo ideas nacidas de su experiencia en la periferia, que reflejan su preocupación por la escandalosa desigualdad de miles de millones de personas en privación extrema mientras el uno por ciento más rico posee la mitad de la riqueza financiera del mundo. Veo su atención a la vulnerabilidad humana y su deseo de proteger al medio ambiente, considerando la contaminación como un costo que debe ser compensado en la hoja del balance. Veo su interés en gestionar economías que amplían el acceso al empleo, y que valoran el trabajo que genera no solo riqueza para los accionistas, sino también valor para la sociedad. Veo un pensamiento que no es ideológico, que va más allá de la polarización del capitalismo de libre mercado y el socialismo de Estado, y que se centra en asegurar que todos tengan acceso a la tierra, el techo y el trabajo. Todas estas preocupaciones expresan las prioridades del Evangelio y los principios de la doctrina social de la Iglesia. Es razonable, entonces, ver este "repensar" de mujeres economistas como un signo de los tiempos, y prestar atención a lo que nos está señalando.

La actitud de discernimiento supone también estar consciente de las tentaciones que nos distraen del mensaje del Espíritu, tentaciones que te pueden llevar a callejones sin salida. Las tentaciones pueden detectarse por su rigidez y uniformidad. Donde el Espíritu está presente, hay siempre un movimiento hacia la unidad, pero nunca hacia la uniformidad. El Espíritu siempre conserva la legítima pluralidad de diversos grupos y puntos de vista, reconciliándolos en su diversidad. Entonces, si un grupo o una persona insiste en que su modo de ver o actuar es la única manera de "interpretar" un signo, eso sería una señal de alerta.

Por ejemplo, una tentación del pensamiento rígido es reducir la persona a su función. Un error funcionalista puede llevar a creer que integrar la perspectiva de las mujeres significa *necesariamente* nombrar más mujeres en cargos ejecutivos, porque solo cuando tienen más "poder" la perspectiva de las mujeres podrá ganar terreno. Pero si la contribución de las mujeres también *interpela* los supuestos de poder, de ahí no sigue que nombrar a una mujer como líder cambiará la cultura de una institución. Esto va más allá de los cargos que puedan tener. Asumo, por supuesto, que las mujeres calificadas deben tener acceso igualitario al liderazgo, remuneración equivalente y demás oportunidades; este derecho ha sido uno de los grandes logros sociales de la modernidad. Pero vale la pena preguntarse si hay otras maneras de asegurar que las perspectivas femeninas interpelen los supuestos existentes.

Es algo que me ha preocupado en Roma: cómo integrar mejor la presencia y la sensibilidad de las mujeres en los procesos de toma de decisión en el Vaticano. El reto para mí ha sido crear espacios donde las mujeres puedan liderar, pero de modo que puedan conformar la cultura y asegurar que sean valoradas, respetadas y reconocidas. Las mujeres que nombré están allí por sus cualificaciones y experiencia, pero también para incidir en la visión y el pensamiento de la burocracia de la Iglesia. Muchas veces invité a mujeres a ser consultoras de los organismos del Vaticano para que puedan influir en el Vaticano conservando su independencia. Cambiar la cultura institucional es un proceso orgánico, que exige integrar la perspectiva de las mujeres sin clericalizarlas.[10]

Desde hace un tiempo tenemos varias mujeres que desempeñan cargos importantes en el Vaticano. Por ejemplo, en el Dicasterio para los Laicos, la Familia y la Vida, las dos subsecretarias —jefes de sección que se encargan de los asuntos del departamento— son mujeres. La directora de los Museos Vaticanos es una mujer. Pero el cargo más alto está en la Secretaría de Estado, o Cancillería, donde la subsecretaria de la Sección para las Relaciones con los Estados es una mujer. Es la responsable de las relaciones de la Iglesia con diversos organismos multilaterales, como las Naciones Unidas y el Consejo de Europa.[11]

He nombrado a otras mujeres a cargos de relevancia, pero como esos nombramientos se hicieron de a uno y a lo largo de varios años, no captaron tanta atención. Sin embargo, cuando en 2020 nombré a un grupo de seis mujeres al Consejo de Economía del Vaticano, el nombramiento fue noticia. En un cuerpo responsable de vigilar la gestión y las políticas financieras del Vaticano integrado por siete cardenales y siete laicos, es llamativo que seis de estos últimos sean mujeres.

Las nombré por sus cualificaciones, pero también porque creo que, en general, las mujeres son mejores administradoras que los hombres. Entienden mejor los procesos, saben cómo llevarlos adelante. Entonces, en estos casos, no solo tenían la competencia y la formación profesional que nos hacían falta —que muchos hombres también tenían— sino que además aportaban su experiencia personal en la organización de la vida diaria en múltiples aspectos, como madres, "amas de casa", integrantes de grupos de reflexión.

Describir a las mujeres como *housewives* en inglés se considera con frecuencia como algo degradante, y algunas veces se usa así. Pero en español "ama de casa" conserva algo del significado de la raíz griega *oikos* y *nomos*, de donde proviene la palabra "economía": el arte de la gestión del hogar. Esta gestión no es menor; hay que ser capaz de manejar muchas cosas al mismo tiempo, conciliar diferentes intereses, tener flexibilidad y cierta astucia. Las amas de casa hablan tres idiomas a la vez: el de la mente, el del corazón y el de las manos.

En mis intercambios pastorales en diferentes consejos, las recomendaciones más atinadas las hacían las mujeres porque eran capaces de ver desde diferentes ángulos y, sobre todo porque son *prácticas*. Tienen una comprensión realista de cómo funcionan las cosas y las limitaciones y el potencial de la gente. Antes de ser Papa, en Buenos Aires, la ecónoma, la canciller y la jefa del Archivo eran mujeres. Mi experiencia fue que el asesoramiento de las mujeres en los consejos pastorales y administrativos era más valioso que el de muchos hombres.

Quiero aclarar que el rol ampliado de las mujeres en el liderazgo de la Iglesia no depende del Vaticano y no se limita a roles específicos. Quizás debido al clericalismo —que es la corrupción del sacerdocio— mucha gente cree erróneamente que el liderazgo en la Iglesia es exclusivamente masculino. Si se va a cualquier diócesis en el mundo se comprobará que esto no es cierto: hay mujeres dirigiendo departamentos, escuelas, hospitales y muchas otras organizaciones y programas; en algunas regiones hay muchas más mujeres que hombres en roles de liderazgo. En la Amazonia, las mujeres —tanto laicas como religiosas— dirigen comunidades eclesiales enteras. Decir que no son líderes de verdad porque no son curas sería pecar de clericalismo y faltarles el respeto.

Para soñar otro futuro posible tenemos que elegir la fraternidad por encima del individualismo como nuestro principio rector. La fraternidad, el sentido de pertenecer unos a otros, y al todo, es la capacidad de unirnos y trabajar juntos frente a un horizonte compartido de posibilidades. En la tradición jesuita esto se llama *unión de ánimos*. Permite que las personas actúen como cuerpo, a pesar de las diferencias en los puntos de vista, la separación física y el ego humano. Esta unión conserva y respeta la pluralidad, e invita a todos a contribuir desde su particularidad, como comunidad de hermanos y hermanas preocupados unos por otros.

Necesitamos urgentemente este tipo de unidad. La pandemia expuso la paradoja de que, si bien estamos más interconectados, estamos también más divididos. La fiebre del consumismo rompe los vínculos de pertenencia. Nos hace centrar en la autoconservación y aumenta el estado de ansiedad. Al exacerbarse nuestros temores, son fácilmente explotados por una política populista que busca ganar poder sobre la sociedad. Es difícil construir una cultura del encuentro en la que nos encontremos como personas con una dignidad compartida, inmersos en una cultura del descarte que considera a los ancianos, los desocupados, los discapacitados y los no nacidos como sobrantes para nuestro bienestar. Por eso, hace poco escribí una carta a todas las personas de buena voluntad, inspirada en San Francisco de Asís, con la esperanza de reavivar el deseo de la fraternidad.[12]

Antes de hablar de cómo podemos superar algunas de las brechas y divisiones en nuestra sociedad para construir la paz y el bien común, hay que tener en cuenta la "conciencia aislada", que actúa como un obstáculo grande a la *unión de ánimos*. Tal vez si hablo de cómo funciona en la Iglesia, se pueda aplicar a la sociedad en general y a otras organizaciones.

Sin importar el contexto social, lo importante es entender el efecto de la tentación del mal espíritu de aislarnos del cuerpo, encerrándonos en nuestros propios intereses y puntos de vista por medio de la sospecha y la suposición. Y entender cómo esta tentación nos convierte finalmente en seres abroquelados, resentidos, quejosos, que miran con desprecio a los demás creyendo que somos los únicos poseedores de la verdad.[13]

En la historia de la Iglesia siempre existieron grupos que terminaron en herejía por esta tentación de un orgullo que los hizo sentirse superiores al Cuerpo. En nuestro tiempo, desde el Concilio Vaticano II, hemos tenido ideologías revolucionarias seguidas de otras restauracionistas. En todos los casos, lo que las caracteriza es la rigidez. La rigidez es el signo de que el mal espíritu esconde algo. Lo que está escondido quizás no se revele por mucho tiempo, hasta que surja algún escándalo. Hemos visto cómo tantos grupos eclesiales —movimientos que casi siempre se caracterizan por su rigidez y autoritarismo— terminan de esta manera. Los líderes y los miembros se presentan a sí mismos como restauradores de la doctrina de la Iglesia; pero más tarde, lo que nos enteramos sobre sus vidas nos dice lo contrario. Encontrás la misma rigidez detrás de cada grupo que busca imponer su ideología en la Iglesia. Tarde o temprano se revelará algún escándalo ligado al sexo, al dinero o al control psicológico.

Lo que se esconde es un intento de aferrarse a algo que tengo miedo a perder, algo que alimenta el ego: el poder, la influencia, la libertad, la seguridad, el estatus, el dinero, la propiedad o alguna combinación de estos. El miedo de perder esta "cosa acquisita", como la llama San Ignacio, me lleva a aferrarme con más fuerza a ella, de modo que cuando se me pide que la deje para unirme a una misión, el espíritu de la sospecha y la suspicacia me ofrece razones para replegarme, ocultando mis apegos, justificándolos muchas veces en las faltas de los otros. Poco a poco voy abrazando esas "razones" que justifican mi aislamiento, mi corazón se endurece y aumenta mi compromiso con esas razones, que terminarán por convertirse en ideología.[14]

Por eso, a los católicos de conciencia aislada no les faltan motivos para criticar a la Iglesia, a los obispos o al papa: o somos retrógrados o nos rendimos a la modernidad; no somos lo que deberíamos ser o lo que supuestamente una vez fuimos. Así justifican su aislamiento y separación del pueblo de Dios que sigue adelante. En vez de lanzarse a la gran tarea de evangelizar nuestro mundo en comunión con el cuerpo, se quedan cobijados por "su" grupo de "puristas", los "guardianes" de la verdad. Al ser abroquelado por la conciencia aislada nunca le faltan justificaciones para balconear la vida real.

De esta manera se siembra la semilla de la división. El deseo de aferrarme a la supuesta superioridad de mis propias ideas suple la apertura caritativa al prójimo. La unidad termina en banderías que pugnan por imponer la hegemonía de sus ideas. Bajo la bandera de la restauración o la reforma, algunos dan largos discursos y escriben artículos interminables con aclaraciones doctrinarias o proclamas que no reflejan más que la obsesión de pequeños grupos. Mientras tanto, el pueblo que Dios ha unido continúa la marcha en las huellas de Jesús, sin dejar de ver las faltas de la Iglesia, pero felices de formar parte de Su cuerpo, confesando sus pecados e implorando la misericordia. El Pueblo de Dios reconoce sus faltas y sus pecados y es capaz de pedir perdón, porque se sabe un pueblo misericordeado.

Estas faltas y limitaciones son conocidas. Algunos sufren experiencias dolorosas en la Iglesia que les generan una desconfianza comprensible. Lo que me preocupa aquí es la condición espiritual que se devela en la soberbia de creer que hay que salvar a la Iglesia de sí misma, y que trata a la Iglesia como una corporación en la que los accionistas pueden exigir un cambio de gerentes. Esta es una versión de mundanidad espiritual. Los que pretenden que hay demasiada "confusión" en la Iglesia y que solo se puede confiar en tal o cual grupo de puristas o tradicionalistas siembran la división del cuerpo. Esta también es mundanidad espiritual. Lo mismo sucede con aquellos que pretenden que mientras la Iglesia no ordene a las mujeres como prueba de su compromiso con la igualdad de género, la parroquia local o el obispo no puede contar con su participación. Son razones aparentemente fundamentadas, pero disfrazan el espíritu de la conciencia aislada, que se niega a actuar como un discípulo de Cristo en el seno de su Iglesia.

Jesús no estableció la Iglesia como una ciudadela de puros ni un desfile constante de santos y héroes —aunque, gracias a Dios, ellos no nos faltan—. Es algo mucho más dinámico: una escuela de conversión, un lugar de combate espiritual y de discernimiento donde abunda la gracia junto al pecado y la tentación. Como sus miembros, la Iglesia puede ser un instrumento de la misericordia de Dios porque ella misma necesita de esa misericordia. Del mismo modo, ninguno de nosotros debería rechazar a los demás por sus pecados o sus fallas, sino que debería ayudarlos a ser lo que Dios los llama a ser: los seguidores de Cristo deberían amar y escuchar a la Iglesia, edificarla y responsabilizarse por ella con sus pecados y fallas. Y en los momentos en que la Iglesia se muestre débil y pecadora, ayudémosla a levantarse otra vez; no la condenemos ni despreciemos, cuidémosla como a nuestra propia madre.

A la conciencia aislada le resulta difícil tratar a los demás con misericordia porque rechaza la misericordia al menos en la práctica. En la Biblia, el ejemplo por excelencia del ser abroquelado es el profeta Jonás. Dios lo manda a Nínive para invitar a sus habitantes a arrepentirse, pero Jonás se resiste y huye a Tarsis. En realidad, de lo que huye Jonás es de la misericordia de Dios para con Nínive, que no cuadraba con sus planes y sus esquemas mentales. Dios había venido una vez y había dado la ley y "de lo demás me ocupo yo", se dijo Jonás. En su manera de pensar, él estaba salvado y los ninivitas no, él tenía la verdad y ellos no; él estaba a cargo, Dios no. Había cercado su alma con el alambrado de sus certezas, dividiendo el mundo en buenos y malos, y cerrando las puertas a la acción de Dios. ¡Cómo se endurece el corazón del ser abroquelado cuando se encuentra con la misericordia de Dios!

Hoy, lamentablemente, hay mucha gente que actúa como Jonás antes de que se ablandara. Desde el mundo cerrado de su ser abroquelado se quejan y desprecian. Cuando sienten su propia identidad amenazada emprenden batallas —en línea y en persona— para sentirse más seguros.

Es notable cómo la conciencia aislada se deteriora rápidamente, espiritual y psicológicamente. Al separarlos del cuerpo del pueblo de Dios, el demonio sigue alimentándolos con falacias y verdades a medias para encerrarlos cada vez más en las Tarsis de su fariseísmo. (El diablo no solo tienta con mentiras. Muchas veces la verdad a medias o la verdad desprovista del espíritu que la sustenta funciona mejor, porque hace más difícil comunicarse bien). Las personas terminan cambiando la doctrina por la ideología, y sus sospechas y suposiciones las llevan a teorías de conspiración donde todo lo ven a través de una regla torcida. Así, abandonada a sí misma, la conciencia aislada acaba creyendo muchas fantasías extrañas sin necesidad de pruebas.

Durante el Sínodo de la Amazonia celebrado en Roma en octubre de 2019, por ejemplo, algunos grupos de la Iglesia y sus medios informaron sobre la presencia de indígenas a través de una interpretación continuamente torcida. Lo bello de ese sínodo —el respeto por la cultura indígena y la presencia de ellos en las liturgias de oración— fue tergiversado con acusaciones infundadas de paganismo y sincretismo. Si bien dentro del aula del sínodo no tuvimos gran conciencia de ello, no faltaron disturbios en el exterior. La indignación de la conciencia aislada empieza con la irrealidad, pasa por fantasías maniqueas que dividen al mundo en bueno y malo (con ellos, naturalmente, siempre del lado de los buenos) y termina en diferentes tipos de violencia: verbal, física y demás.

No hay vacuna contra la conciencia aislada de la persona abroquelada, pero sí un antídoto. Es fácil de conseguir y no cuesta más que nuestro orgullo. La "acusación de sí mismo" es un concepto sencillo que expuso un monje del desierto en el siglo VI, Doroteo de Gaza, haciéndose eco de la sabiduría de los padres del desierto que nos enseñan cómo Dios nunca nos abandona en la tentación. Al acusarnos a nosotros mismos, nos "abajamos", dando lugar a la acción de Dios que nos une. Así como la conciencia aislada nos lleva a acusar a otros, la unidad es también fruto de la acusación a nosotros mismos. En vez de autojustificarnos —el espíritu de la autosuficiencia y la arrogancia— la acusación de uno mismo expresa la pobreza de espíritu de la que Jesús habla en las Bienaventuranzas. Es el contraste que describe en Lucas 18, 9-14 entre el publicano y el fariseo. El publicano oraba, diciendo: "Dios mío, ten piedad de mí que soy un pecador", mientras que el fariseo —quien agradece a Dios por no ser como los otros— es incapaz de rezar.

Esta actitud de "abajamiento" imita el acto de humillarse y acercarse del Verbo, la *synkatábasis*. Es la humildad de confesar nuestras faltas, no para castigarnos —que cometería el mismo error de ponernos a cargo— sino para reconocer nuestra dependencia de Dios y la necesidad de su gracia. En vez de acusar a los demás por sus faltas y limitaciones, veo en mí alguna falta o actitud. Me vuelvo a mi Creador y mi Dios y le pido la gracia que necesito para seguir adelante, confiado en que me ama y se preocupa por mí. En vez de cerrarme a Dios, abro la puerta para que actúe en mí y a través de mí, porque Dios nunca se impone a nuestra libertad; hay que invitarlo a entrar. Y cuando esto sucede, en vez de encontrar faltas en mi hermano o hermana, veo en él o en ella a alguien que necesita ayuda, y me ofrezco a su servicio.

Al acusarme a mí mismo, confiado en la misericordia de Dios, se revela al mal espíritu que en ese momento pierde su control. Lo que nos divide muchas veces no es resultado de perspectivas diferentes sino del actuar del mal espíritu que se esconde detrás de la espiral contagiosa de la acusación y contraacusación. Así como lo que me separa de mi hermano y hermana es mi espíritu de autosuficiencia y superioridad, lo que nos une es nuestra vulnerabilidad compartida, nuestra mutua dependencia de Dios y de los demás. Ya no somos rivales sino miembros de la misma familia. Podremos discutir y estar en desacuerdo, pero ya no entramos en un círculo vicioso de antagonismo mutuo. No pensamos igual, pero somos parte del mismo cuerpo y vamos juntos hacia adelante.

Así como Jonás es el ícono de la conciencia aislada, el publicano Zaqueo (Lucas 19, 1-10) es el gran ejemplo de aquel que renuncia a su aislamiento. Zaqueo era un recaudador de impuestos que se servía del pueblo. Pero cuando Jesús llega a su ciudad, se sube al árbol para poder verlo: tenía el deseo de liberarse de la fría soledad a la que la conciencia aislada lo conducía. Jesús llama a Zaqueo a bajarse de su autosuficiencia para unirse al pueblo, y Zaqueo promete poner su riqueza al servicio de los demás. Recibe la misericordia y se deja cambiar. Ahora es libre para construir un futuro nuevo, codo a codo con los demás, desde abajo, en el esfuerzo paciente que aniquila toda soberbia.

La acusación de los otros ignora a Dios; la acusación de sí

nos abre a Él. Ante Dios nadie es inocente, pero todos somos perdonados cuando reconocemos y nos arrepentimos de nuestro pecado y sentimos vergüenza por nuestras faltas. De este modo dejamos de ver a nuestros opositores como enemigos. La acusación de sí es el anticuerpo para el virus de la conciencia aislada, y la humildad ante Dios es la llave que destraba la fraternidad y la paz social.

No dejes que el mal que te parece que otro cometió desencadene tu descenso hacia la conciencia aislada. Como dice Doroteo: "Las sospechas y suposiciones están llenas de malicia y no dejan nunca al alma en paz"[15].

A medida que el debate público se vuelve cada vez más dominado por el ser abroquelado —ansioso, controlador, rápido para ofenderse y autojustificarse— nuestra sociedad corre el riesgo de dividirse y fragmentarse cada vez más. La Iglesia no es inmune a este contagio. ¿Cómo actuamos en contextos de polarización, cuando la política, la sociedad, los medios parecen a veces una riña de gallos, en la que los contrincantes buscan "cancelar" al otro en un juego de poder? La creciente violencia verbal refleja la fragilidad del ser, el desarraigo, donde la seguridad se encuentra en el descrédito con narrativas que nos hacen sentir justos y nos dan razones para hacer callar a otros. La ausencia del diálogo sincero en nuestra cultura pública hace cada vez más difícil crear un horizonte compartido hacia el que podamos avanzar juntos.

Cuando la parálisis de la polarización se instala, la vida pública se reduce a trifulcas entre facciones que buscan la supremacía. En mi discurso ante el Congreso de los Estados Unidos en 2015, resalté la tentación de un reduccionismo simplista que solo ve el bien y el mal, o los justos y los pecadores —el síndrome de Jonás del que hablaba anteriormente—. Dije en el Congreso: "El mundo contemporáneo con sus heridas que sangran en tantos hermanos nuestros, nos convoca a afrontar todas las polarizaciones que pretenden dividirlo en dos bandos. Sabemos que en el afán de querer liberarnos del enemigo exterior podemos caer en la tentación de ir alimentando el enemigo interior"[16].

Hablé del "enemigo interior" porque la polarización tiene también una raíz espiritual. La magnifican y la exageran algunos medios y algunos políticos, pero nace en el corazón. En un contexto polarizado, hay que estar atentos al mal espíritu que entra en la división y crea una espiral perversa de acusación y contraacusación. Antiguamente al diablo se le decía el Gran Acusador. Es precisamente aquí, en la violencia verbal, en la difamación y en la crueldad innecesaria, donde se ubica su cueva. Es mejor no entrar. Con el Acusador no se discute ni se dialoga, porque hacerlo significa entrar en su lógica, en la que los espíritus se disfrazan de razones. Tenés que resistirlo por otros medios, echándolo, como hizo Jesús. Tal como el Covid-19, si el virus de la polarización no puede contagiar unos a otros, poco a poco desaparece.

En vez de dejarnos atrapar dentro del laberinto de acusación y contraacusación, que esconde al mal espíritu en la trama de razones y justificaciones falsas, debemos hacer que el mal espíritu se manifieste. Eso es lo que Jesús nos enseña en la Cruz. En su mansedumbre y vulnerabilidad, obliga al diablo a revelarse: el Acusador confunde el silencio con la debilidad y redobla su ataque, manifestando su furia y su verdadera identidad.

Sin embargo, el reto principal no es evitar la polarización sino abordar el conflicto y los desacuerdos de tal manera de no caer en la polarización. Esto significa resolver la división dejando espacio a una nueva manera de pensar que pueda trascender la división. De este modo, las divisiones no generan polarizaciones estériles, sino que dan frutos nuevos y valiosos. Esta es una tarea fundamental para nuestro tiempo de crisis. Ante los enormes retos que debemos abordar en varios frentes a la vez, hace falta practicar el arte del diálogo cívico que sintetiza diferentes puntos de vista en un plano superior.

Este tipo de política es mucho más que hacer campaña y debatir cuando el objetivo es persuadir y derrotar. Se parece mucho más a un acto de caridad, donde buscamos juntos soluciones para el beneficio de todos. Para esta misión, necesitamos la humildad necesaria para abandonar lo que ahora vemos como equivocado y el coraje para incorporar otros puntos de vista que tienen elementos de verdad.

La tarea de "sufrir" el desacuerdo y transformarlo en eslabón de un nuevo proceso es una misión valiosa para todos. Cuando Jesús dijo: "Felices los que trabajan por la paz" (Mateo 5, 9), seguramente se refería a esta misión.

Guardini me dio una nueva percepción para enfrentar los conflictos analizando su complejidad y evitando todo reduccionismo simplificador. Existen diferencias en tensión, donde cada una tira para su lado, pero conviven dentro de una unidad mayor.

Entender cómo las contradicciones aparentes pueden resolverse metafísicamente a través del discernimiento era el tema de mi tesis sobre Guardini que fui a investigar a Alemania. Me dediqué a trabajar en la tesis durante algunos años, pero nunca terminé de escribirla. Sin embargo, la tesis me ayudó mucho, sobre todo a manejar las tensiones y los conflictos. (Veinte años después, en 2012, al cumplir los setenta y cinco, cuando pensé que el papa Benedicto aceptaría mi renuncia como arzobispo de Buenos Aires, durante un tiempo pensé que podría, después de todo, acabar mi tesis. Pero en marzo de 2013 me cambiaron de diócesis. Al final terminé regalando el trabajo a un cura que estudiaba a Guardini).[17]

Uno de los efectos del conflicto es ver como contradicciones lo que en realidad son contraposiciones, como me gusta llamarlas. En una contraposición hay dos polos en tensión, que tiran cada uno para su lado: horizonte y límite, local y global, el todo y la parte, etc. Son contraposiciones porque, aun siendo contrarias, interactúan en una tensión fecunda y creativa. Como Guardini me enseñó, la creación está llena de estas polaridades vivas o *Gegensätze;* nos dan vida y dinamismo. Las contradicciones (*Widersprüche*), por el contrario, exigen una elección entre lo correcto y lo incorrecto. (El bien y el mal nunca pueden ser contraposición porque lo malo no es la contraparte de lo bueno, sino su negación).

Considerar las contraposiciones como contradicciones es fruto de un pensamiento mediocre que nos aleja de la realidad. El mal espíritu —el espíritu del conflicto, que socava el diálogo y la fraternidad— busca transformar siempre la contraposición en contradicción, exigiendo una elección y de este modo reduce la realidad a simples binarios. Así actúan las ideologías y los políticos sin escrúpulos. Es así como, al toparnos con una contradicción que no nos permite avanzar hacia la solución real, sabemos que estamos ante un esquema mental reduccionista y parcial que hay que superar.

Pero el mal espíritu también puede negar la tensión de los dos polos en contraposición, optando por una especie de convivencia estática. Este es el peligro del relativismo o del falso irenismo, la actitud de "paz a cualquier costo", donde el objetivo es evitar por completo el conflicto. En este caso, no hay una solución, porque la tensión ha sido negada y abandonada. Esto también es negarse a aceptar la realidad.

Por tanto, hay dos tentaciones: por un lado, embanderarnos con un lado u otro, exacerbando el conflicto; por el otro, evitar de plano el conflicto, negando la tensión y lavándonos las manos.

La tarea del reconciliador, en cambio, es "sufrir" el conflicto. Mediante el discernimiento, debe mirar más allá de las razones aparentes del desacuerdo, abriendo a los implicados a la posibilidad de una nueva síntesis que no anule a ninguno de los polos, sino que conserve lo que es bueno y válido en los dos, asumiéndolos en una nueva perspectiva.

Este avance es un don del diálogo, cuando las personas confían una en la otra y humildemente buscan juntas el bien, dispuestas a aprender una de otra en un intercambio mutuo de dones. En esos momentos, la solución al problema surge en forma imprevista e inesperada, como resultado de una nueva y mayor creatividad, como de afuera. A esto lo llamo "desborde", porque sobrepasa los límites que confinaban nuestro pensamiento y hace surgir, como de una fuente desbordante, las respuestas que la anterior contraposición no nos dejaba ver. Reconocemos este proceso como un don de Dios porque es la misma acción del Espíritu que describen las Escrituras y se evidencia en la historia.

El desborde es una posible traducción del vocablo griego *perisseuo*, el término usado por el salmista cuya copa rebosa con la gracia de Dios en el Salmo 23. Es lo que Jesús promete (Lucas 6, 38) que se derramará sobre nosotros cuando perdonamos. Es el sustantivo que se usa en el Evangelio de Juan (Juan 10, 10) para describir la vida que Jesús vino a traernos, y el adjetivo de San Pablo (2 Corintios 1, 5) cuando habla de la generosidad de Dios. Es el mismísimo corazón de Dios que se desborda en esos famosos pasajes del padre que corre a abrazar al hijo pródigo, el anfitrión de la boda que sale a buscar invitados de los caminos y los campos para su banquete, la pesca sobreabundante al amanecer que rompe las redes después de una noche de pesca infructuosa o Jesús lavando los pies de sus discípulos la noche antes de morir.

Estos desbordes de amor suceden, sobre todo, en las encrucijadas de la vida, en momentos de apertura, de fragilidad y de humildad, cuando el océano de Su amor derriba las compuertas de nuestra autosuficiencia y permite así una nueva imaginación de lo posible.

Mi preocupación como Papa ha sido promover este tipo de desbordes dentro de la Iglesia, reavivando la antigua práctica de la sinodalidad. Mi deseo fue dar vida a este antiquísimo proceso no sólo por el bien de la Iglesia, sino como un servicio a la humanidad, a menudo trabada en desacuerdos paralizantes.

La palabra proviene del griego *syn-odos*, "caminar juntos", y ese es su objetivo: no se trata tanto de forjar un acuerdo, sino de reconocer, valorar y reconciliar las diferencias en un plano superior donde cada una pueda mantener lo mejor de sí misma. En la dinámica de un sínodo, las diferencias se expresan y se pulen hasta alcanzar una armonía que no necesita cancelar los bemoles de las diferencias. Esto es lo que sucede en la música: con las siete notas musicales con sus altos y bajos se crea una sinfonía mayor capaz de articular las particularidades de cada una. Ahí reside su belleza: la armonía que resulta puede ser compleja, rica e inesperada. En la Iglesia, es el Espíritu Santo quien provoca esa armonía.

Me gusta ver el inicio de la sinodalidad eclesial en la Iglesia naciente, cuando los apóstoles se reunieron para lidiar con una cuestión que los dividía: los no judíos ¿deben observar las leyes y costumbres judías, como la circuncisión, para hacerse cristianos? Después de mucha discusión y oración y de algunas amargas discrepancias, reflexionaron sobre los signos y maravillas que Dios había obrado entre ellos a través de los gentiles, porque a Dios se lo reconoce en la experiencia de la vida real. Declararon que "fue el parecer del Espíritu Santo y el nuestro" (Hechos 15, 28) no imponer a los cristianos no judíos las normas de la ley judía.

Fue un nuevo comienzo que cambió el curso de la historia. Dios había hecho una alianza de salvación con un solo pueblo, el pueblo judío. Cristo recuperó la alianza, ofreciéndola a toda la humanidad sin importar la raza, el idioma o la nación. Por eso, en la historia de la Iglesia, el cristianismo nunca se limitó a una cultura particular, sino que se enriqueció con las culturas de los pueblos donde se arraigó. Cada uno de estos pueblos experimenta el don de Dios según su propia cultura, y en cada uno de ellos la Iglesia expresa su verdadera catolicidad, la belleza de sus múltiples y diversos rostros.

La experiencia sinodal nos permite caminar juntos, no solo a pesar de nuestras diferencias, sino buscando la verdad y asumiendo la riqueza de las polaridades en pugna. Se han dado muchos avances en concilios y asambleas a lo largo de la historia de la Iglesia. Pero lo más importante es esa armonía que nos permite avanzar juntos por el mismo camino, incluso con todos nuestros matices y diferencias.

Este enfoque sinodal es algo que nuestro mundo hoy necesita urgentemente. En vez de buscar la confrontación declarando la guerra, un bando buscando vencer al otro, hacen falta procesos que permitan que las diferencias se expresen, se escuchen y maduren para así poder caminar juntos sin necesidad de aniquilar a nadie. Es una tarea difícil; implica paciencia y compromiso, sobre todo, con el otro. La paz duradera consiste en crear y mantener procesos de escucha mutua. Construimos un pueblo no con armas de guerra sino en la tensión fructífera de caminar juntos.

En esta tarea, los mediadores son importantes. Hacer acuerdos que eviten la ruptura y permitan que todas las partes sigan caminando juntas es un papel clave de la ley y la política. La mediación es una ciencia, pero también un ejercicio de sabiduría humana. En la ley y la política, el mediador juega, de alguna manera, un rol análogo al del Espíritu Santo en el sínodo: mantiene las diferencias hasta que se abran nuevos horizontes.

En el mejor de los casos, esto es lo que ocurre, por ejemplo, en la Unión Europea: se logra la reconciliación en la diferencia. La UE ha atravesado un período difícil. Pero ver a sus miembros llegar a un acuerdo sobre el paquete de rescate por el Covid-19 —todas esas agendas y puntos de vista diferentes, las feroces transacciones y negociaciones— fue un ejemplo de este intento por armonizar las diferencias dentro de un esfuerzo general por buscar la unidad. A esto me refiero cuando lo comparo a la sinodalidad, y quizás nuestra experiencia en la Iglesia pueda ayudar al mundo en general. Miremos lo que sucede y quizás podamos aprender algo.

. . .

Hemos tenido tres sínodos durante mi pontificado: sobre la familia, sobre los jóvenes y sobre la Amazonia. En cada uno, más de doscientos obispos, cardenales y laicos de todas partes del mundo se congregaron durante tres semanas para discernir juntos. Concluido ese período, los obispos votaron el documento final. Este proceso, instituido por san Pablo VI, ha crecido y se ha desarrollado, y en el camino van surgiendo nuevas cuestiones a responder. Por eso me gustaría ver, en el futuro, un sínodo sobre el tema de la sinodalidad. Los cambios ya introducidos hacen que los sínodos celebrados cada dos o tres años aquí en Roma sean más libres y dinámicos, dando más tiempo para la discusión y la escucha honesta.[18]

La sinodalidad comienza por la escucha a todo el Pueblo de Dios. Una Iglesia que enseña debe ser, en primer lugar, una Iglesia que escucha. El Maestro fue un buen maestro porque supo ser un buen discípulo (Filipenses 2, 6-11). Consultar a todos los miembros de la Iglesia es imprescindible porque, como nos recuerda el Concilio Vaticano II, la totalidad de los fieles que tienen la unción del Espíritu Santo, "no puede equivocarse cuando cree"[19].

Por lo tanto, cada uno de los sínodos celebrados en Roma comenzó con amplias discusiones y consultas organizadas en las Iglesias locales que reunieron temas y preocupaciones que se articularon en el "documento preparatorio" a ser tratado. Se incluyen voces con perspectivas diferentes en la propia asamblea: laicos, invitados expertos y delegados de otras Iglesias, que realizan contribuciones vitales al discernimiento. De esta manera, se obedece a un principio muy preciado por la Iglesia del primer milenio: *Quod omnes tangit ab omnibus tractari debet.* (Lo que afecta a todos debe ser tratado por todos)[20].

En este sentido, me hace feliz ver cómo la Iglesia en países diferentes está iniciando procesos utilizando la metodología sinodal. En Australia, por ejemplo, hace varios años que tienen un proceso en el que participan cientos de miles de personas que preguntan cómo lograr una Iglesia más participativa, misericordiosa y orante, y más abierta a la conversión, la renovación y la misión.

Al hablar de sinodalidad me parece importante tener cuidado de no confundir doctrina y tradición con las normas y prácticas eclesiales. Lo que se pone en discusión en los encuentros sinodales no son las verdades tradicionales de la doctrina católica. Al Sínodo le interesa principalmente preguntarse cómo vivir y aplicar las enseñanzas en los contextos cambiantes de nuestro tiempo. Los tres sínodos —el de la familia (2014 y 2015), el de los jóvenes en 2018, y el de la Amazonia en 2019— jugaron un rol vital en abrir la Iglesia a nuevas maneras de acompañar personas y lugares que se enfrentan a retos particulares.

Lo que caracteriza al camino sinodal es el papel del Espíritu Santo. Escuchamos, discutimos en grupos, pero, sobre todo, prestamos atención a lo que el Espíritu tiene para decirnos. Para eso les pido a todos que hablen con franqueza y que escuchen también con atención a los otros; porque allí también habla el Espíritu. Abiertos a cambios y nuevas posibilidades, el Sínodo siempre es para todos una experiencia de conversión. Una de las nuevas modalidades introducidas va precisamente en este sentido: brindar períodos de silencio entre las intervenciones para que los participantes perciban mejor las mociones del Espíritu.

Durante todo el proceso sinodal se generan intensas discusiones, lo que es bueno. Esto implica también respuestas y/o reacciones diversas frente a aquellos que no piensan igual o tienen posturas diferentes. No todos reaccionamos de la misma manera. Hemos visto en muchos casos cómo, frente a la discrepancia, existen grupos que intentan interferir en el proceso sinodal buscando imponer sus ideas, ya sea presionando dentro del Sínodo o fuera de él, tergiversando o desacreditando a quienes no piensan como ellos.

Esto también es un buen signo, porque ahí donde el Espíritu de Dios se hace presente, siempre hay quienes buscan silenciarlo o desviar la atención de él (si el Espíritu no estuviera presente, esas fuerzas ni se molestarían). Percibimos al mal espíritu en algunos de los ruidos tanto fuera del aula sinodal como dentro de la misma: en el miedo, el pánico, las acusaciones de que el Sínodo conspira para socavar la doctrina de la Iglesia, que la Iglesia está cerrada a nuevas perspectivas actuales, etc. Son signos de la conciencia aislada de la que hablamos antes, y de la frustración del mal espíritu que, cuando no logra seducir, lanza acusaciones feroces (pero nunca, por supuesto, *auto*acusaciones).

En el Aula del Sínodo también existe la tentación de no aceptar lo que implica un proceso sinodal e intentar imponer a todo el Cuerpo las propias ideas —arrogándose el monopolio de la interpretación de la verdad— ya sea por presión como por descrédito de los que no comparten el mismo sentir. Algunos participantes asumieron rápidamente posturas rígidas que delataban una obsesión por la pureza de la doctrina, como si estuviera amenazada y ellos fueran sus guardianes. Otros insistían en criterios vanguardistas que no están en armonía con el Evangelio y la Tradición. Uno de los dones del Espíritu en el proceso sinodal es desenmascarar las agendas y las ideologías encubiertas. Por eso no se puede hablar de sínodo si no se acepta ni se vive la presencia del Espíritu Santo.

El Evangelio tiene que ser leído e interpretado a la luz de la historia de la salvación y con la Tradición. Otras herramientas pueden ayudar a crecer en la comprensión resaltando, valorizando, identificando nuevas riquezas hasta ahora inexploradas de esta fuente de Agua Viva.

Una tentación importante que tantas veces confunde es tratar el Sínodo como una especie de parlamento donde se avala la "batalla política" en la que, para gobernar, un bando debe vencer al otro. Algunas personas intentaron obtener apoyo para su postura, como lo harían los políticos, lanzando advertencias por los medios de comunicación o apelando a encuestas de opinión. Esto es contrario al espíritu del Sínodo como espacio protegido para el discernimiento comunitario.

Los medios juegan un rol clave en abrir el Sínodo al pueblo de Dios y a la sociedad en general, en comunicar y hacer ver los temas y los retos que enfrenta la Iglesia. Pero en algunos casos se corre el peligro de que algunos periodistas confundan contraposiciones con polarizaciones, reduciendo la dinámica del Sínodo a binarios simplistas de "sí" o "no", como si el Sínodo fuera una dramática confrontación entre fuerzas opositoras. No se percibe así dentro del Aula del Sínodo. Sin embargo, algunas veces la narrativa mediática termina anulando la capacidad de discernir.

Este fenómeno sucedió, por ejemplo, con el Sínodo de la Familia. El objetivo era ir más allá de posiciones casuísticas que le impiden a la Iglesia abordar los temas con la complejidad que les son propias en el espíritu de la sana Tradición. Jesús condena la casuística de los doctores de la Ley, por ejemplo, en el capítulo 23 del Evangelio de Mateo. Usar este tipo de categorías para juzgar situaciones hace difícil, por un lado, comprender la complejidad de situaciones concretas y, por otro, limita la capacidad de la Iglesia para acompañar y guiar a las personas desde las categorías evangélicas.

En el Sínodo de la Familia, el tema fue mucho más amplio que la cuestión específica del cuidado pastoral de los divorciados o separados y vueltos a casar, y su acceso a los sacramentos, como se creyó. Pero la narrativa de algunos medios vinculados a ciertos grupos redujo y simplificó todo el trabajo sinodal a este aspecto; como si los padres sinodales hubiesen sido convocados únicamente para decidir si darle o no la Comunión a los divorciados y vueltos a casar. Según esta narrativa, la Iglesia debía "flexibilizar las reglas" o bien mantener su postura "rígida". Es decir, el marco mediático que reflejaba esa narrativa terminó por reforzar la misma casuística que el sínodo quería superar.

Este mal espíritu condicionó el discernimiento, favoreció las posiciones (de un lado y del otro) y alentó los conflictos desgastadores. Debilitó la libertad de espíritu tan vital para un camino sinodal. Cada uno atrincherado en "su verdad" termina por volverse prisionero de sí mismo y de sus posturas.

Sin embargo, al final, el Espíritu nos salvó. Hubo un avance al cierre de la segunda reunión (octubre de 2015) del Sínodo de la Familia. El desborde, en este caso, llegó sobre todo a través de profundos conocedores del pensamiento de Santo Tomás Aquino, entre ellos el arzobispo de Viena, cardenal Christoph Schönborn. Recuperaron la verdadera doctrina moral de la genuina escolástica y de Santo Tomás, rescatándola de la escolástica decadente que nos había llevado a una moral de la casuística.

Dada la gran variedad de situaciones y circunstancias de las personas, la enseñanza de Santo Tomás permitió que el sínodo acordara la necesidad de hacer un discernimiento caso por caso. No era necesario cambiar la ley de la Iglesia, sólo su aplicación. Al considerar las especificidades de cada caso, y estando atentos a la gracia de Dios que obra en la vida concreta de cada persona, se pudo superar el moralismo blanco–negro que amenazaba con cerrar caminos de gracia y crecimiento. No se trataba de ajustar o flexibilizar las "reglas" sino de aplicarlas para dar lugar a circunstancias que no encajan perfectamente en las categorías.

Este fue el gran avance que nos dio el Espíritu: una síntesis mejor de la verdad y la misericordia en una comprensión renovada surgida de nuestra propia Tradición. Sin cambiar la ley ni la doctrina, sino recuperando un auténtico significado de ambas, la Iglesia ahora puede acompañar mejor a las personas que cohabitan o están divorciadas. Puede ayudarlas a ver dónde está obrando la gracia de Dios en sus vidas y abrazar la plenitud de la enseñanza de la Iglesia. Sin embargo, a algunos todavía les cuesta asumir este proceso: es un signo de cómo muchos continúan no sólo condicionados por posturas casuísticas, sino que sus intenciones, visiones e inclusive ideologías les impiden reconocer un camino sinodal custodiado por la Tradición eclesial.[21]

En el Sínodo de la Amazonia, celebrado en octubre de 2019, hubo una polarización semejante por un tema secundario pero, hasta el momento, sin una solución por desborde.

El sínodo fue convocado para abordar los retos que enfrentan la región y sus pueblos, entre ellos la destrucción de la selva tropical, los asesinatos de líderes indígenas, la marginalización de los indígenas y las dificultades que enfrenta la Iglesia en la región. Sin embargo, algunas personas, en los medios y a través de ellos, redujeron todo el proceso sinodal a un solo tema: si la Iglesia estaba o no dispuesta a ordenar a hombres casados, llamados *viri probati*, aunque esa pregunta no tuvo más de tres renglones en el documento preparatorio de treinta páginas.

La fantasía de que el sínodo era "sobre" este tema minimizó y redujo todos los enormes retos de la región; tanto así que cuando se publicó la exhortación apostólica *Querida Amazonia* en febrero de 2020, muchos se sintieron decepcionados o aliviados porque "el Papa no abrió esta puerta"; como si a nadie le importara el drama ecológico, cultural, social y pastoral de la región, el sínodo "fracasó" porque no autorizó la ordenación de los *viri probati*.

En realidad, el sínodo fue un avance a varios niveles. Nos dio una misión y visión clara para pararnos junto a los pueblos indígenas, los pobres y la tierra, para defender la cultura y la creación contra las poderosas fuerzas de muerte y destrucción, impulsadas por el mero rédito económico. Estableció las bases para una Iglesia en la Amazonia profundamente arraigada en la cultura local, con una fuerte presencia de laicos activos, e inició procesos como, por ejemplo, el surgimiento de la Conferencia Eclesial Amazónica. Pero poco se informó sobre este progreso. La Amazonia y sus pueblos fueron nuevamente ignorados y silenciados, porque algunos medios y algunos grupos de presión habían decidido que el sínodo había sido llamado para solucionar un tema puntual.

No obstante, aunque no hubo resolución sobre esa cuestión, salieron a la luz situaciones que yo, al menos, no tenía previstas, y que no habían sido planteadas en el documento preparatorio. Este es uno de los grandes dones del proceso sinodal: a veces el Espíritu actúa para señalarnos que estamos mirando en la dirección equivocada, que el tema no es "sobre" lo que nosotros pensamos. Caminar juntos, escuchando lo que el Espíritu le dice a Iglesia, supone permitirnos desenmascarar la aparente pureza de nuestras posturas y ayudarnos a discernir el trigo que siempre crece en medio de la cizaña (Mateo 13, 24-30).

Un tema que surgió fue el de la resistencia de muchos sacerdotes de algunos de los nueve países de la región amazónica a ser enviados a misionar a esta zona. Preferían ser enviados al exterior, a Europa y a Estados Unidos, donde hay más comodidades. Así el sínodo vio con claridad un problema pastoral concreto que los obispos de esos países deberán resolver cuanto antes: la falta de solidaridad y de celo misionero en el interior de muchos de nuestros presbíteros.

En otras palabras, la falta de celebraciones dominicales en algunas regiones —que fue el motivo que se dio para los *viri probati*— claramente no se debe exclusivamente a la falta de ministros ordenados, sino que también era parte de una escasez de compromiso misionero con la Amazonia. Reducir este tema simplemente a la ausencia de clérigos disponibles significa esconder un problema más complejo.

En la misma Asamblea constaté que existen aspectos en los cuales ya es posible dar algunos pasos y, sin embargo, están paralizados. De nuevo, es un don del Espíritu en el Sínodo: mostrar los bloqueos que nos impiden aprovechar la gracia de Dios que ya se nos ofrece. ¿Por qué, por ejemplo, no hay suficientes diáconos permanentes en la región amazónica? Los diáconos permanentes son muy importantes porque reflejan una Iglesia doméstica que encuentra en la Palabra y el servicio su mayor expresión. En la Amazonia, una familia —esposo, esposa y sus hijos— puede ser una comunidad misionera en el centro de un tejido de relaciones.[22]

El sínodo nos mostró que para caminar con el pueblo defendiendo sus culturas y la naturaleza, la Iglesia en la Amazonia debe crecer su presencia capilar en toda la región. Esto sólo es posible si a los laicos se les da un protagonismo decisivo. Son los catequistas los primeros en llevar adelante la tarea evangelizadora en las diferentes lenguas y costumbres de los pueblos que sirven. Por eso creo que es crucial confiar en los laicos, especialmente en las mujeres que dirigen tantas comunidades en la región, para gestar una santidad con rostro amazónico que dará mucho fruto. Esta es, en mi lectura del discernimiento del sínodo, la dirección que nos señala el Espíritu.

El peligro al "quedar atrapados" en el conflicto es que perdemos perspectiva. Nuestros horizontes se achican y nos cerramos a los caminos que el Espíritu nos está mostrando. A veces caminar juntos significa sostener los desacuerdos, dejándolos que trasciendan a un plano superior más adelante. El tiempo es superior al espacio y el todo es mayor a la suma de las partes. Este fue mi propio discernimiento interior, que fue confirmado por la desilusión con que algunos recibieron la Exhortación. Dejame explicar.

En el proceso sinodal, las desilusiones y el derrotismo no son signos del buen espíritu porque nacen de promesas no cumplidas, y el Señor siempre cumple sus promesas. Claro que fuera del proceso sinodal, la desilusión puede ser del buen espíritu: el Señor nos puede mostrar que cierto camino que hemos elegido no es el correcto. Es el tipo de desilusión que sentimos después de hacer algo que consideramos bueno, pero después nos damos cuenta de que fue una pérdida de tiempo, o peor. En el proceso sinodal, es más probable que este tipo de desilusión revele una agenda oculta: viniste intentando conseguir algo y, si no lo lograste, te desinflás. Puede que tengas razón (o no) pero existen procesos que llevan tiempo, que exigen maduración, constancia, decisión. Exigen siembras que capaz otros cosecharán. Es decir, te quedás atrapado en tus propios deseos, en vez de dejarte tocar por la gracia que se ofrece.

Cuando oigo que algunos están decepcionados con el Sínodo de la Amazonia, pienso: ¿No abrimos nuevos caminos pastorales? ¿El Espíritu no nos mostró la necesidad de confiar y permitir el desarrollo de una cultura eclesial propia en una región marcadamente laical? Allí donde hay una necesidad particular en la Iglesia, el Espíritu ya ha derramado carismas que permitan darle una respuesta, carismas que necesitan ser recibidos. Como dice *Querida Amazonia* (n.º 94), necesitamos apertura a posibilidades nuevas y audaces. Esto incluye el reconocimiento formal del destacado liderazgo de las mujeres en las comunidades eclesiales de la región. Todos estos signos del Espíritu pueden verse fácilmente eclipsados por un enfoque limitado a la polémica sobre si ampliar o no el sacerdocio a los hombres casados.

Caminando juntos, leyendo los signos de los tiempos, abiertos a la novedad del Espíritu, quizás aprendamos algo de esta antiquísima experiencia sinodal de la Iglesia, que he intentado reavivar.

Primero: necesitamos una escucha mutua y respetuosa, libre de ideologías y de agendas predeterminadas. El objetivo no es llegar a un acuerdo mediante un concurso entre posturas encontradas, sino caminar juntos para buscar la voluntad de Dios, dejando que las diferencias entren en armonía. Lo más importante de todo es el espíritu sinodal: acercarme al otro con respeto y confianza, creer en nuestra unidad compartida y recibir la novedad que el Espíritu quiere revelarnos.

Segundo: a veces esta novedad significa resolver cuestiones polémicas por desborde. Con frecuencia, la solución se presenta a último momento y alcanzamos sintonías que nos permiten avanzar. Pero el "derrame" también puede ser una invitación para cambiar nuestra manera de pensar y nuestra mirada, para deshacernos de nuestra rigidez y de nuestras agendas y buscar en lugares que nunca vimos antes. Nuestro Señor es un Dios de sorpresas, que siempre va delante nuestro.

Tercero: este es un proceso paciente, que no nos resulta fácil en nuestro mundo impaciente. Pero quizás, con la cuarentena, aprendimos a manejarlo mejor.

En Argentina en el siglo XIX, en un tiempo de guerras frecuentes entre caudillos, se cuenta que, en un momento de retirada bajo una lluvia torrencial, un caudillo dio la orden de "acampar hasta que aclare". Corriendo de boca en boca, la orden adquirió un significado más profundo, una sabiduría que expresaba lo que el pueblo estaba viviendo, un consejo sabio para tiempos de tribulación y conflicto.

Discernir en tiempos de conflicto a veces requiere que acampemos juntos hasta que aclare.

El tiempo pertenece al Señor. Confiados en Él, avanzamos con coraje, construyendo unidad mediante el discernimiento, para descubrir y realizar el sueño de Dios para nosotros y los caminos de acción por delante.

TERCERA PARTE

TIEMPO PARA ACTUAR

EN TIEMPOS DE CRISIS Y TRIBULACIÓN, cuando nos sacuden de nuestros hábitos esclerotizados, el amor de Dios sale a purificarnos, a recordarnos que somos un pueblo. Hubo un tiempo en que no éramos un pueblo, pero ahora somos el pueblo de Dios (1 Pedro 2, 10). La cercanía de Dios nos llama a estar unidos. "Tú me has traído amigos que no me conocían", escribe el poeta Rabindranath Tagore. "Tú me has acercado lo distante y me has hermanado con lo desconocido"[23]. Este tiempo de acción nos pide recuperar nuestro sentido de pertenencia, de sabernos parte de un pueblo.

¿Qué significa ser "un pueblo"? Es una categoría de pensamiento, un concepto mítico, no en el sentido de una fantasía o una fábula, sino de una historia particular que convierte una verdad universal en tangible y visible. La categoría mítica del pueblo expresa y se nutre de muchas fuentes: históricas, lingüísticas, culturales (en particular en la música y la danza), pero, sobre todo, de la sabiduría y la memoria colectiva. Un pueblo está unido por esa memoria atesorada en la historia, las costumbres, los ritos (religiosos o no) y otros vínculos que trascienden lo puramente transaccional o racional.

Al inicio de la historia de todo pueblo hay una búsqueda de dignidad y libertad, una historia de solidaridad y lucha. Para el pueblo de Israel, fue el éxodo de la esclavitud en Egipto. Para los romanos, fue la fundación de una ciudad. Para las naciones del continente americano, fue la lucha por la independencia.

Del mismo modo que un pueblo toma conciencia de su dignidad compartida en tiempos de conflicto, guerra y adversidad, el pueblo también puede olvidar esa conciencia. Un pueblo puede caer en el olvido de su propia historia. En tiempos de paz y prosperidad, siempre está el riesgo de que el pueblo pueda disolverse en una mera masa, sin un principio integrador que lo una.

Cuando esto ocurre, el centro vive a expensas de la periferia, el pueblo se divide en bandos que compiten entre sí y los explotados y humillados pueden arder de resentimiento frente a las injusticias. En vez de pensar en nosotros mismos como miembros de un solo pueblo, competimos por el dominio y convertimos contraposiciones en contradicciones. En esas situaciones, el pueblo ya no ve el mundo natural como una herencia a ser cuidada; los poderosos se aprovechan y extraen todo lo que pueden de la naturaleza, sin dar nada a cambio. La indiferencia, el egoísmo, la cultura del bienestar autocomplaciente y las profundas divisiones dentro de la sociedad, que se desencadenan en la violencia, son todos signos de que el pueblo ha perdido la conciencia de su dignidad. Ha dejado de creer en sí mismo.

Así, un pueblo debilitado y dividido se vuelve presa fácil para las más diversas colonizaciones. Aún si no está ocupado por un poder extranjero, en el fondo el pueblo ya entregó su dignidad. Ya dejó de ser protagonista de su propia historia.

Cada tanto, sin embargo, las grandes calamidades despiertan la memoria de esa liberación y unidad primigenia. Los profetas, que han intentado recordarle al pueblo de Israel lo que realmente importa, su primer amor, de repente encuentran una audiencia entusiasta. Los tiempos de tribulación ofrecen la posibilidad de que aquello que oprime al pueblo —tanto interna como externamente— pueda ser derrocado y pueda comenzar un nuevo tiempo de libertad.

Aunque nos desinstalan durante cierto tiempo, estas calamidades paradójicamente permiten que el pueblo recupere su memoria y, por tanto, su capacidad de acción, su esperanza. La crisis demostró que nuestros pueblos no están determinados por fuerzas ciegas, sino que, en la adversidad, son capaces de actuar. Estas calamidades desenmascaran nuestra vulnerabilidad compartida y dejan al descubierto esas falsas y superfluas seguridades con las que habíamos organizado nuestros planes, rutinas y prioridades. Nos muestran cómo habíamos dejado dormido y abandonado lo que alimenta y sostiene la vida de la comunidad, cómo nos habíamos marchitado dentro de nuestras burbujas de indiferencia y bienestar. Aprendemos que, en nuestro desasosiego y frustración, en nuestra fascinación por las cosas nuevas, en nuestra ansia por reconocimiento en medio de un ajetreo maníaco, hemos dejado de prestar atención a los que sufren a nuestro alrededor. En el modo como respondemos a ese sufrimiento se manifiesta el auténtico carácter de nuestros pueblos.

Al despertar a la memoria de la dignidad de nuestro pueblo, empezamos a entender la insuficiencia de las categorías pragmáticas que han reemplazado a la categoría mítica que nos dio el verdadero modo de vivir. El pueblo de Israel en el desierto prefirió el puro pragmatismo del becerro de oro a la libertad a la que el Señor los llamaba. Del mismo modo, nos habían dicho que la sociedad es tan solo un conjunto de individuos que buscan su propio interés; que la unidad del pueblo es solo una fábula; que somos impotentes ante el poder del mercado y del Estado y que el objetivo de la vida es el lucro y el poder.

Pero ahora, llegada la tempestad, vemos que no es así.

No podemos dejar pasar este esclarecedor momento. No permitamos que en los próximos años digan que, frente a la crisis del Covid-19, no pudimos actuar para restaurar la dignidad de nuestros pueblos, para recuperar la memoria y recordar nuestras raíces.

El término "pueblo" puede tener connotaciones contrarias en diferentes idiomas. Instrumentalizado por ideologías y aprovechado por políticas sectarias, puede tener un trasfondo de totalitarismo o lucha de clases. Hoy día se usa en la retórica excluyente del populismo. Por eso, creo que es útil explicar lo que quiero decir cuando digo "el pueblo".

Un pueblo no es lo mismo que un País, una Nación o un Estado, más allá de la importancia que tienen esas entidades. Un País es una entidad geográfica, una Nación-Estado es el andamiaje jurídico y constitucional que lo sostiene. Pero estos límites y estructuras pueden cambiar. Un País amputado o que ha perdido una guerra puede rehacerse. Una Nación que sufre una crisis institucional puede reconstruirse. Pero, cuando se pierde el sentido de pertenecer a un pueblo, es muy difícil recuperarse. Es una pérdida que se prolonga a varias décadas y erosiona nuestra capacidad para el encuentro. Al desdibujarse los puntos de referencia que heredamos, perdemos también la capacidad de unirnos como pueblo para crear un futuro mejor.

Sentirse parte de un pueblo sólo puede recuperarse de la misma manera en que se forjó: en la lucha y en la adversidad compartidas. El pueblo es siempre el fruto de una síntesis, de un encuentro, de una fusión de elementos dispares que genera un todo superior a sus partes. Aun si tiene profundos desacuerdos y diferencias, un pueblo puede caminar inspirado por metas compartidas, y así crear futuro. Tradicionalmente, un pueblo se reúne en asambleas y se organiza. Comparte experiencias y esperanzas, y oye el llamado a un destino común.

En Argentina, cuando hablamos del ingenio del pueblo, nos referimos a su habilidad histórica de reconocer caminos del futuro, "olfateando" soluciones a problemas actuales. Conocernos como pueblo es ser conscientes de algo más grande que nos une, algo que no puede reducirse a la identidad legal o física compartida. Lo vimos en las protestas en respuesta al asesinato de George Floyd cuando muchas personas, que no se conocían, se volcaron a las calles para protestar, unidas por una sana indignación. Estos momentos revelan no solo el sentimiento de la gente sino el sentir de un pueblo, su "alma". Porque, a pesar del constante desgaste social, en todos los pueblos perdura una reserva de valores fundamentales: la lucha por la vida desde la concepción a la muerte natural, la defensa de la dignidad humana, el amor por la libertad, la preocupación por la justicia y la creación, el amor de la familia y la fiesta.

Parece extraño, pero es así: el pueblo tiene alma. Y ya que podemos hablar del alma de un pueblo, podemos hablar de una manera de ver la realidad, de una conciencia. Esta conciencia no es el resultado de un sistema económico o de una teoría política, sino de una personalidad que se fue forjando en momentos clave de su historia. Estos mojones han marcado un fuerte sentido de solidaridad, de justicia y de la importancia del trabajo.

Cuando el pueblo reza, ¿qué pide? Salud, trabajo, familia, escuela; un lugar decente donde vivir; dinero suficiente para arreglárselas; paz entre hermanos y una oportunidad para los pobres. Algunos piensan que estas intenciones no son revolucionarias o ambiciosas. Pero el pueblo sabe de sobra que son fruto de la justicia.

Un pueblo, entonces, es más que la suma de los individuos. No es tampoco una categoría lógica ni legal. Es una realidad viva, fruto de un principio integrador compartido. Se puede describir al pueblo como concepto, en términos de un paradigma, definir dónde empieza y termina o imponerle algún tipo de definición legal o racional. Y también se puede analizar a un pueblo específico en términos de su cultura o características, intentando nombrar aquello que define, por ejemplo, al pueblo francés o estadounidense. Pero al final es un ejercicio inútil. Convertir al pueblo en tema de investigación es ponerse fuera de él y, al hacerlo, se pierde perspectiva de lo que es. Porque "el pueblo" no es un concepto lógico. Solo podemos aproximarnos a él desde la intuición, entrando en su espíritu, su corazón, su historia y su tradición.

El pueblo es una categoría capaz de generar sinfonía a partir de la desconexión, de armonizar la diferencia conservando, a la vez, lo que es propio de cada uno. Hablar del pueblo es un antídoto a la tentación constante de crear élites, ya sean intelectuales, morales, religiosas, políticas, económicas o culturales. El elitismo reduce y restringe las riquezas que el Señor puso en la tierra, convirtiéndolas en posesiones a ser explotadas por algunos en vez de dones a ser compartidos. Las élites ilustradas siempre terminan igual, imponiendo sus criterios y, en el proceso, ridiculizando y excluyendo a aquellos que no pertenecen a su condición social, estatura moral o ideología. Hace demasiado que sufrimos este tipo de reduccionismos.

Hablar de un pueblo es apelar a la unidad en la diversidad: *e pluribus unum*. Por ejemplo, las doce tribus de Israel, sin renunciar a los rasgos distintivos de cada una, se unieron en un solo pueblo armonizado en un eje común (Deuteronomio 26, 5). El Pueblo de Dios, en este caso, asume y permite las tensiones, que son normales en cualquier grupo humano, sin que sea necesario resolverlas de modo que un elemento prevalezca sobre los demás.

Reconozco lo difícil que puede significar explicitar esta categoría de pensamiento, ya que para hablar de identidad se utilizaron históricamente categorías de exclusión y de diferenciación. Por eso prefiero el término "categoría mítica", arquetípica, que ayuda a encontrar una nueva manera de describir una realidad y forjar una identidad que no se determina por la exclusión o diferenciación, sino por la síntesis de virtualidades que llamo desborde.

Si ante el reto, no solo de esta pandemia sino de todos los males que nos acechan hoy, actuamos como un solo pueblo, la vida y la sociedad cambiarán para mejor. Esto no es solo una idea sino un llamado a cada uno de nosotros, una invitación a abandonar el aislamiento autodestructivo del individualismo, a salir de mi "lagunita personal" y volcarme al ancho cauce del río de la realidad y del destino del que soy parte, pero que también van más allá de mí.

Cuando hablo de *la dignidad del pueblo*, me refiero a esta conciencia que surge del "alma" del pueblo, de su manera de mirar al mundo. ¿De dónde viene esa dignidad? ¿Nace acaso de su riqueza, de sus victorias en la guerra? Estos logros pueden ser motivo de orgullo o incluso de soberbia. Pero la dignidad de un pueblo —incluso el pueblo más pobre, más afligido, más esclavizado— nace de la cercanía de Dios. Son el amor y la cercanía de Dios que le confieren dignidad y lo levantan siempre, ofreciéndole un horizonte de esperanza. En este sentido siempre nos hará bien mirar al pueblo de Israel y su historia, arquetipo de lo que venimos hablando.

La Biblia cuenta esta historia una y otra vez. Con el llamado a Moisés, Dios salva al pueblo manifestándole su cercanía, prometiéndose a él en una eterna alianza de amor. Al llamar a Abraham, Dios promete caminar con su pueblo, estar junto a él. Sintiéndose escogido por Dios, el pueblo judío toma conciencia de su dignidad y puede avanzar cuidando de los pobres, construyendo instituciones sólidas y alcanzando la nobleza del alma. Pero cuando pierde esa conciencia —cuando Israel abandona la ley de Yahvé, que es el don de la cercanía de Dios (2 Crónicas 12, 1)— cae en el cisma y la injusticia.

Cuando a San Pablo le piden que explique su fe en Jesucristo, él cuenta toda la historia de cercanía divina con el pueblo (Hechos 13, 13-21), igual que Esteban antes de su martirio (Hechos 7, 1-54). Jesucristo, el ungido de Dios, es parte de esa historia de salvación de un pueblo, una salvación que extiende a todos. Por eso el Concilio Vaticano II describió a la Iglesia como el "Pueblo de Dios", un pueblo ungido por la gracia del Espíritu Santo, encarnado en todos los pueblos de la tierra, cada uno con su propia cultura. Es un pueblo con muchos rostros.

Jesús es hijo de la historia de gracia, promesa y redención del pueblo judío. Es la historia de un pueblo que busca la liberación, consciente de su dignidad porque Dios se hizo presente, se acercó y caminó con ellos. Jesús viene para restaurar en Israel el recuerdo de la cercanía de Dios, a devolver al pueblo la dignidad de la Promesa. Sin esa conciencia de su dignidad, el pueblo hubiera seguido siendo esclavo con o sin ocupación romana.

Jesús le restaura la dignidad al pueblo con hechos y palabras que manifiestan la cercanía de Dios. Nadie se salva solo. El aislamiento no pertenece a nuestra fe. Dios nos atrae teniendo en cuenta una compleja trama de relaciones; y es precisamente allí, en medio de las encrucijadas de la historia, a donde nos envía.

Ser cristiano, entonces, es saberse parte de un pueblo, del Pueblo de Dios expresado en diferentes naciones y culturas pero que trasciende toda frontera de razas e idiomas. El Pueblo de Dios es una comunidad dentro de la comunidad más amplia de una nación. Sirve a la nación, ayudándola a formar su identidad, respetando el rol que juegan otras instituciones culturales y religiosas. Si la Iglesia tiene un rol particular en tiempos de crisis, es precisamente recordarle al pueblo su alma, su necesidad de respetar el bien común. Esto es lo que hizo Jesús: vino para fortalecer y profundizar los vínculos de pertenencia: de unos con otros y del Pueblo con Dios. Por eso, el que más importa en el Reino de Dios es aquel que se hace más pequeño y sirve a los demás (Mateo 20, 26-27), sobre todo a los pobres.

La Iglesia es un pueblo con muchos rostros, ya que expresa esta verdad de incontables maneras, según cada cultura; por eso me gusta pensar que la evangelización tiene que ser siempre en el dialecto de cada lugar, con las mismas palabras y sonidos con los que una abuela le canta canciones de cuna a sus nietos.

La Iglesia está llamada a ser el Pueblo de Dios encarnado en la historia, en un lugar concreto, con el idioma propio de ese lugar. Al mismo tiempo, el Pueblo de Dios y la misión de Jesús trascienden todas las fronteras culturales y geográficas. La misión de la Iglesia está siempre dirigida al Pueblo de Dios; y, sin embargo, parte de su tarea es recordarle a una nación que existe un bien común de la humanidad por encima de cualquier pueblo determinado. El todo siempre es superior a las partes, y la unidad debe trascender el conflicto.

Por eso un cristiano va a defender los derechos y libertades individuales, pero nunca puede ser un individualista. Un cristiano puede amar y servir a su país con sentimiento patriótico, pero no puede ser un mero nacionalista.

El punto central del cristianismo es el primer anuncio de las verdades de la fe, el *kerigma*. Significa que Dios me amó y se entregó por mí. La muerte y la resurrección de Jesucristo, su amor en la Cruz, es lo que nos convoca a ser discípulos misioneros; nos invita a reconocernos como hermanos —y por eso miembros de la gran familia humana— principalmente de aquellos que se sienten huérfanos. Como nos muestran las Bienaventuranzas y el capítulo 25 de Mateo, el principio de la salvación se realiza en la compasión demostrada.

En este sentido, la Biblia nos muestra un contraste claro entre la indiferencia de Caín por el destino de Abel —"¿Soy yo acaso el guardián de mi hermano?" (Génesis 4, 9)— y la respuesta de Yahvé a Moisés en el tercer capítulo del Éxodo: "He visto la aflicción de mi pueblo... He escuchado su clamor... He bajado para librarlo" (Éxodo 3, 7-8). El primero es el camino de la no pertenencia; el segundo es involucrarse en la vida de un pueblo y una determinación de servir y salvar.

Por eso la Iglesia debe siempre ser conocida por su cercanía con los pueblos de la tierra en su lucha por la dignidad y la libertad. En toda cultura donde está presente, la Iglesia tiene que ver la aflicción y las esperanzas del pueblo —y sobre todo las de los más pobres— como propias. La Iglesia camina como parte del pueblo sirviéndolo, sin intentar organizarlo de modo paternalista, porque un pueblo se organiza a sí mismo.

Si me preguntás cuál es hoy día una de las desviaciones del cristianismo, te diría: la *falta de memoria de la pertenencia a un pueblo*. Como dice el padre Zosima en *Los hermanos Karamazov*: "la salvación vendrá del pueblo"[24]. Ponerte por encima del Pueblo de Dios es ignorar que el Señor ya se acercó a su pueblo, lo ungió y lo levantó.

Ponerse por encima del Pueblo de Dios lleva al moralismo, al legalismo, al clericalismo, al fariseísmo y a otras ideologías elitistas que no saben nada de la alegría de saberse parte del Pueblo de Dios. El papel de la Iglesia se juega en el servicio a su Señor y a los pueblos de la tierra a los que es enviada, no por imposición o dominación, sino como lo hace Jesús, en el lavatorio de los pies.

La crisis actual nos invita a recuperar el sentido de pertenencia; sólo así nuestros pueblos podrán volverse sujetos de su propia historia. Es el momento de restaurar la ética de la fraternidad y de la solidaridad, regenerando vínculos de confianza y pertenencia.

Porque lo que nos salva no es una idea sino el encuentro. Solo el rostro del otro es capaz de despertar lo mejor en nuestro interior. Al servir al pueblo, nos salvamos a nosotros mismos.

Para salir mejores de esta crisis es necesario que recuperemos el saber que tenemos un destino común como pueblo. La pandemia nos recuerda que nadie puede salvarse solo.

Existe entre nosotros un lazo que nos une y que llamamos comúnmente *solidaridad*. La solidaridad es más que actos de generosidad, aunque estos son importantes; es la invitación a abrazar la realidad unidos por lazos de reciprocidad. Sobre esta base sólida podremos construir un futuro mejor, diferente, humano.

Lamentablemente esta es una perspectiva ausente en las narrativas políticas contemporáneas, ya sean liberales o populistas. La visión predominante en la política occidental considera a la sociedad poco más que un conjunto de intereses que coexisten, y sospecha del lenguaje que valora los lazos de la comunidad y la cultura. Por otro lado, se encuentran también visiones (por ejemplo, los diversos populismos) que deforman el significado de la palabra "pueblo" al vincularlo con ideologías que se enfocan en supuestos enemigos, internos y externos. Si una visión ensalza y promueve al individuo atomizado dejando poco espacio para la fraternidad y la solidaridad, la otra reduce al pueblo a una masa sin rostro que dice representar.

Es interesante notar cómo las corrientes neoliberales han buscado marginar del escenario político cualquier debate significativo sobre el bien común y el destino universal de los bienes.[25] De hecho, la promesa que promueven es, esencialmente, la gestión eficiente de un mercado y un mínimo control gubernamental. El problema radica en que cuando el objetivo principal de la economía se centra en el lucro, nos olvidamos con facilidad de que los recursos de la tierra son para todos y no para unos pocos.

El afán obsesivo por el lucro debilita las instituciones capaces de proteger a los pueblos de los intereses económicos egoístas y de la excesiva concentración de poder. Los crecientes conflictos sociales se nutren, en gran medida, de la inequidad y la injusticia, pero su causa subyacente radica en el deterioro de los vínculos de pertenencia. Una sociedad atomizada nunca puede estar en paz consigo misma porque es ciega ante los efectos sociales de la iniquidad. La fraternidad hoy es nuestra nueva frontera.

Cuando se concibe al individuo únicamente en relación con el estado y el mercado, como un individuo radicalmente autónomo, tales movimientos liberales miran con recelo las instituciones y las tradiciones. Sin embargo, aunque de modo encubierto, existe un "instinto" (llamémoslo así) por el cual la mayoría de las personas anhelan profundamente a la familia, a la comunidad y a la historia de sus pueblos. Es en las instituciones mediadoras de la sociedad —comenzando con la familia— y no en el mercado, donde las personas encuentran un sentido para sus vidas y aprenden las dimensiones de confianza y de solidaridad. Por eso me preocupa una cierta cultura mediática que busca desarraigar especialmente a las jóvenes generaciones de sus más ricas tradiciones, despojándolas de su historia, de su cultura y de su patrimonio religioso. Una persona desarraigada es muy fácil de dominar.

Las convicciones religiosas y de otra índole ofrecen perspectivas únicas sobre el mundo; son fuentes de bien. Generan convicciones —de solidaridad y servicio— que pueden fortalecer a la sociedad en su conjunto. Son lugares de reconciliación donde las personas experimentan lo que el mercado nunca les podrá dar: su valor como personas, en lugar de un mero valor como empleados o consumidores.

En un diálogo tipo sinodal, como vimos en la segunda parte, personas de distintas instituciones y convicciones diferentes pueden ser capaces de crear armonías sorprendentes. Los desacuerdos de naturaleza filosófica o teológica —entre credos o entre grupos seculares y gente de fe— no son obstáculos para unirse y trabajar por metas compartidas, siempre y cuando los involucrados compartan la inquietud por el bien común. Hay rigidez y fundamentalismo en algunas instituciones, es cierto; pero generalmente estas no participan de este tipo de diálogo.

El modelo *laissez-faire*, centrado en el mercado, confunde fines y medios. En vez de verse como una fuente de dignidad, el trabajo se vuelve un mero medio de producción; el lucro se convierte en la meta en vez de un medio para alcanzar bienes mayores. Y desde aquí podemos terminar suscribiendo el trágico error de que todo aquello que es bueno para el mercado es bueno para la sociedad.

No critico al mercado *per se*. Denuncio el escenario, demasiado frecuente, donde la ética y la economía se desacoplan. Y critico la idea, notoriamente ficticia, de que permitir a la riqueza deambular descontroladamente creará prosperidad para todos. Si miramos a nuestro alrededor, vemos que esto es falso: librados a sus propios medios, los mercados han generado inmensa desigualdad y enormes daños ecológicos. Una vez que el capital se convierte en un ídolo que gobierna el sistema socioeconómico, nos esclaviza, nos enfrenta unos con otros, excluye a los pobres y pone en peligro al planeta que todos compartimos. No es de extrañar que Basilio de Cesarea, uno de los primeros teólogos de la Iglesia, llamara al dinero "el estiércol del diablo".

Por eso, una economía neoliberal termina sin otro objetivo real más allá que el crecimiento. Sin embargo, las fuerzas del mercado no pueden por sí mismas lograr la meta que ahora necesitamos: regenerar el entorno natural viviendo de una manera más sustentable y sobria, al mismo tiempo que cubrir las necesidades de los que hasta ahora fueron dañados o excluidos de ese modelo socioeconómico. A menos que aceptemos un principio de solidaridad entre los pueblos, no saldremos mejores de esta crisis.

El mercado es una herramienta para el intercambio y la circulación de bienes, para establecer relaciones que nos permitan crecer y prosperar, y para ampliar nuestras oportunidades. Pero los mercados no se gobiernan a sí mismos. Necesitan estar cimentados en leyes y regulaciones que aseguren su desempeño en función del bien común. El libre mercado de ninguna manera es libre para una enorme cantidad de personas, sobre todo para los pobres quienes, en la práctica, terminan teniendo pocas o nulas opciones. Por eso san Juan Pablo II hablaba de economía "social" de mercado; al incluir el término *social* abría el mercado a la dimensión comunitaria.

Cuando hablo de solidaridad me refiero a mucho más que la promoción de obras filantrópicas y/o el financiamiento de la asistencia para aquellos que salen perdiendo. Porque la solidaridad no es compartir las migajas de la mesa, sino hacer, en la mesa, lugar para todos. La dignidad de los pueblos es un llamado a la comunión: compartir y multiplicar los bienes y la participación de todos y para todos.

El asunto que debe abordarse, como dije recientemente en mi encíclica sobre la fraternidad, es la fragilidad humana, la tendencia a encerrarnos en nuestros mezquinos intereses. Por eso necesitamos una economía con metas que vayan más allá de un enfoque limitado al crecimiento, que ponga en el centro la dignidad humana, el empleo y la regeneración ecológica. La dignidad de nuestros pueblos exige una economía que no habilite meramente la acumulación de bienes, sino que les permita a todos el acceso a un trabajo digno, vivienda, educación y salud.

Sin metas sociales, el crecimiento económico que prioriza el lucro como único bien alimentó el capitalismo amiguista, que no está al servicio del bien común sino de los especuladores de turno en la "economía líquida". Los sistemas bancarios colaterales, los paraísos fiscales para evadir impuestos, la extracción de valor de las empresas para aumentar las ganancias de los accionistas a expensas de otras partes interesadas, el mundo de humo y espejos de los canjes por incumplimiento de crédito y productos derivados —todo esto extrae capital de la economía real y socava a un mercado saludable, creando niveles de desigualdad sin precedentes en la historia.

Existe un desfasaje importante hoy día entre la conciencia de los derechos sociales y la distribución real de oportunidades existentes. El extraordinario aumento de la desigualdad en las últimas décadas no es una fase del crecimiento, sino un freno al mismo y el origen de muchos males sociales del siglo XXI. Poco más del uno por ciento de la población mundial es dueña de la mitad de su riqueza. Un mercado cada vez más desconectado de la moral, deslumbrado por su propia y compleja ingeniería, que privilegia el lucro y la competencia por sobre todas las cosas, significa una extraordinaria riqueza para unos pocos y pobreza y privación para muchos. Esto roba la esperanza a millones de seres humanos.

Con demasiada frecuencia hemos pensado en la sociedad como un subconjunto de la economía, y en la democracia como una función del mercado. Es hora de restaurar su orden justo y encontrar los mecanismos para garantizar a todos una vida digna de llamarse humana. Necesitamos establecer metas para el sector empresarial que, sin negarlo, vayan más allá del valor para los accionistas y tomen en cuenta otros tipos de valores que salvarán a todos: la comunidad, la naturaleza y el trabajo digno. La rentabilidad es un signo de la salud de una empresa, pero necesitamos medidas más amplias de rentabilidad que tomen en cuenta las metas sociales y ambientales.

Del mismo modo, necesitamos una visión política que no sea solo manejar el aparato estatal y hacer campaña para la reelección, sino que sea capaz de cultivar la virtud y forjar nuevos vínculos. Se necesita rehabilitar "la Política con mayúscula", como me gusta llamarla: el servicio al bien común. Una vocación sobre todo para los preocupados por el estado de la sociedad y el sufrimiento de los más pobres. Necesitamos políticos apasionados por la misión de garantizar para todo su pueblo las tres "T": tierra, techo y trabajo, junto con educación y la atención de la salud. Eso significa políticos con horizontes amplios, que puedan abrir nuevos caminos para que el pueblo se organice y se exprese. Políticos que sirvan al pueblo y no que se sirvan del pueblo, que caminen junto a los que representan, que lleven con ellos el olor de los barrios a los que sirven. Esta política será el mejor antídoto para toda forma de corrupción.

Hoy día urge una clase política y dirigente capaz de inspirarse en la parábola del buen samaritano, donde se muestra cómo podemos desarrollar nuestra vida, vocación y misión. Tantas veces, al final, todo parecería ser una cuestión de distancias. De frente al hombre tirado al borde del camino, algunos deciden pasar de lado. Distantes de la situación, prefieren ignorar los hechos y seguir como si nada sucediese. Presos de los más diversos pensamientos y hasta justificaciones, siguen de largo.

Es el problema de siempre: la miseria se esconde, es pudorosa; para verla, entenderla, sentirla, hay que acercarse. No se conoce la miseria desde la distancia, es necesario tocarla. Reconocer y acercarse es el primer paso. El segundo paso consiste en responder de manera específica e inmediata, porque un acto concreto de misericordia es siempre un acto de justicia.

Pero hay un tercer paso necesario si no queremos caer en el mero asistencialismo: reflexionar sobre los primeros dos pasos y abrirnos a las reformas estructurales necesarias. Una política auténtica diseña estos cambios junto con, y a través de, todos los actores, respetando su cultura y su dignidad. Solo es lícito mirar hacia abajo cuando tendemos a los demás nuestra mano para ayudarlos a levantarse. Una vez, charlando con unos religiosos les decía: "El problema no está en darle de comer al pobre, vestir al desnudo, acompañar al enfermo, sino en considerar que el pobre, el desnudo, el enfermo, el preso, el desalojado tienen la dignidad para sentarse en nuestras mesas, sentirse "en casa" entre nosotros, sentirse familia. Ese es el signo de que el Reino de los Cielos está entre nosotros"[26].

En el mundo post-Covid, ni el gerencialismo tecnocrático ni el populismo serán suficientes. Solo una política enraizada en el pueblo, abierta a la organización del propio pueblo, podrá cambiar nuestro futuro.

Cuando la acumulación de la riqueza se convierte en nuestro principal objetivo, ya sea a nivel individual o de toda la economía, practicamos una forma de idolatría que nos encadena. Es inconcebible hoy día que tantos niños y mujeres sean explotados por poder, placer o lucro. Nuestros hermanos y hermanas están siendo esclavizados en depósitos clandestinos, explotados por el trabajo indocumentado y en redes de prostitución, situación que se agrava aún más cuando son menores quienes se ven sometidos a tales injusticias, tan solo por el lucro y la avaricia de algunos.

La trata de personas con frecuencia se vincula con otras plagas globales —el tráfico de drogas, el tráfico de armas, la venta de órganos— que degradan nuestro mundo. Estas grandes redes, que generan cientos de miles de millones de dólares, no pueden sobrevivir sin la complicidad de gente poderosa. Parecería que los estados son impotentes para actuar. Solo un nuevo tipo de política, que asocie los recursos estatales con las organizaciones y las instituciones enraizadas en la sociedad civil cercanas al problema, podrá hacer frente a estos retos.

La dignidad de nuestros pueblos exige corredores seguros

para migrantes y refugiados, de modo que puedan trasladarse sin miedo desde zonas de muerte a otras más seguras. Es inaceptable dejar que cientos de migrantes mueran en peligrosos cruces marítimos o en travesías por el desierto. El Señor nos pedirá cuentas por cada uno de ellos.

La cuarentena nos hizo tomar contacto con una realidad existente, aunque tantas veces invisibilizada: tantos migrantes indocumentados y mal pagados, que con su trabajo hacen posible cubrir las necesidades básicas de las sociedades más desarrolladas y, aun así, son denigrados, usados como chivos expiatorios y se les niega el derecho al trabajo seguro y digno. La migración es un problema global. Nadie debería tener que huir de su país. Pero el mal se duplica cuando el migrante se ve obligado a caer en manos de traficantes de personas para cruzar fronteras; y se triplica cuando llegan a la tierra que pensaban les ofrecería un futuro mejor y solo son despreciados, explotados, abandonados o esclavizados. Necesitamos acoger, promover, proteger e integrar a aquellos que llegan en busca de una vida mejor para sí mismos y sus familias. Es verdad que los gobiernos, usando la virtud de la prudencia, tienen la obligación de medir su capacidad de acoger y de integrar.

Hubo un tiempo en que tanto la esclavitud como la pena de muerte se consideraban aceptables, incluso en sociedades consideradas cristianas. Con el paso del tiempo, la conciencia cristiana ha alcanzado una comprensión más profunda de la santidad de la vida. Tanto la esclavitud como la pena capital son inaceptables, pero ambas continúan en vigor: la primera de manera clandestina, la segunda aceptada sin rodeos como parte del sistema judicial de algunos países desarrollados, donde incluso algunos cristianos intentan justificarla. Como dije en el Congreso de Estados Unidos en 2015: "Una pena justa y necesaria nunca debe excluir la dimensión de la esperanza y el objetivo de la rehabilitación"[27].

Mientras muchos podrán molestarse al escuchar a un papa volver sobre el tema, no puedo permanecer callado cuando entre treinta y cuarenta millones de vidas no nacidas se descartan todos los años por el aborto.[28] Duele constatar que, en muchas regiones consideradas por sí mismas como desarrolladas, esta práctica se promueva a menudo porque los niños por venir son discapacitados o no estaban planificados.

La vida humana nunca es una carga. Exige que le hagamos lugar, no que la descartemos. Por supuesto que la llegada de una nueva vida —ya sea un niño en el vientre o el migrante en nuestra frontera— desafía y cambia nuestras prioridades. Con el aborto y el cierre de las fronteras nos negamos a reajustar nuestras prioridades. Sacrificamos vidas humanas para defender nuestra seguridad económica o aplacar nuestro temor de que el ser padres nos desacomode la vida. El aborto es una injusticia grave. Nunca puede ser una expresión legítima de autonomía y poder. Si nuestra autonomía exige la muerte de otra persona, entonces nuestra autonomía no es otra cosa que una jaula de hierro. Tantas veces me hago estas dos preguntas: ¿Es justo eliminar una vida humana para resolver un problema? ¿Es justo alquilar un sicario para resolver un problema?

La ideología neodarwinista de la supervivencia del más fuerte, apuntalada por un mercado sin frenos obsesionado con el lucro y la soberanía individual, ha penetrado nuestra cultura y endurecido nuestros corazones. El éxito y el desarrollo del paradigma tecnocrático exige tantas veces el sacrificio de vidas inocentes: el chico abandonado en la calle, el menor que trabaja en un taller clandestino y que pocas veces ve la luz del día, el trabajador a quien se despide porque la empresa liquida sus activos a fin de generar dividendos para los accionistas, los refugiados a quienes se les niega la posibilidad de trabajar, los ancianos abandonados a su suerte en residenciales con fondos insuficientes.

Mi predecesor, san Pablo VI, advirtió en su carta encíclica de 1968, *Humanae Vitae*, sobre la tentación de ver la vida humana como un objeto más sobre el cual los poderosos y los ilustrados pudieran ejercer su dominio. ¡Qué profético es hoy su mensaje! En la actualidad, el diagnóstico prenatal se emplea comúnmente para filtrar aquellos considerados débiles o inferiores, mientras que, en el otro extremo de la vida, la eutanasia se está convirtiendo en algo normal, ya sea abiertamente mediante leyes sobre el suicidio asistido en algunos países o estados, o de manera encubierta a través del descuido de los ancianos.

Hay que enfrentar las causas más profundas de esta erosión del valor de la vida. Al eliminar toda consideración sobre el bien común en la formulación de políticas públicas, se termina por promover la autonomía individual al punto de excluir todos los demás valores y referencias. Sin la visión de una sociedad arraigada en la dignidad de todas las personas, la lógica de un mercado sin frenos acaba transformando el don de la vida en un producto.

Hay un *midrash* o comentario bíblico del siglo XII sobre la historia de la torre de Babel, en el capítulo 11 del Libro del Génesis. La torre era un monumento al ego del pueblo de Babel. Para construir la torre se necesitó una enorme cantidad de ladrillos, que eran muy costosos de hacer. Según el rabino, si se caía un ladrillo era una gran tragedia: se paraba el trabajo y el obrero negligente era castigado severamente. ¿Pero si un obrero se caía y se moría? El trabajo continuaba. Uno de los obreros sobrantes —esclavos que esperaban en fila para trabajar— tomaba su lugar para que la torre continuara su ascenso.

¿Quién valía más, el ladrillo o el obrero? ¿Cuál se consideraba sobrante en el afán por el crecimiento incesante?

¿Y qué pasa hoy? Cuando las acciones de las principales corporaciones caen unos pocos puntos porcentuales, sale en los titulares. Los expertos hablan sin parar sobre lo que podría significar. Pero cuando se encuentra a un "sin techo" muerto de frío en la calle detrás de hoteles vacíos, o cuando una población entera sufre hambre, parece que no llama la atención y si esto llega a ser noticia, solo sacudimos tristemente la cabeza y seguimos con lo nuestro, creyendo que no hay otra solución.

Esto es lo que Jesús señalaba cuando dijo que no se podía servir a dos señores, a Dios y al dinero. En nuestras vidas, al igual que en nuestras sociedades, si se pone el dinero en el centro se entra en una lógica de sacrificio: sea cual sea el costo humano o el daño al medio ambiente, la torre tiene que ser cada vez más alta. Pero cuando se pone la dignidad de las personas en el centro, se crea una nueva lógica de misericordia y cuidado. De este modo, aquello realmente valioso vuelve al lugar que le corresponde.

O bien una sociedad se orienta hacia una cultura sacrificial —el triunfo de los más fuertes y la cultura del descarte— o hacia la misericordia y el cuidado. Personas o ladrillos: es hora de elegir.

Detrás del ascenso de la política populista en los últimos años existe una verdadera angustia: muchas personas se sienten dejadas de lado por la gigantesca e implacable tecnocracia globalizada. Los populismos se describen con frecuencia como una protesta contra la globalización, aunque más bien se trata de una protesta contra la globalización de la indiferencia. En el fondo reflejan el dolor por la pérdida de raíces y de comunidad y un sentido generalizado de angustia. Sin embargo, los populismos generan miedo y siembran pánico; son la explotación de esa angustia popular, no su remedio. La retórica, a menudo cruel, de los dirigentes populistas que denigran al "otro" para defender la identidad nacional o de un grupo, revela su espíritu. Es uno de los medios que usan los políticos ambiciosos para llegar al poder.

Escuchar a algunos de los dirigentes populistas hoy me hace acordar a la década de 1930, cuando algunas democracias colapsaron en dictaduras, aparentemente de un día para otro. Al convertir al pueblo en una categoría de exclusión —amenazada de todos lados por enemigos internos y externos—, el término se vació de contenido. Lo vemos en las concentraciones donde dirigentes populares incitan y arengan a la multitud, canalizando su resentimiento y sus odios contra supuestos enemigos para distraer a la gente de los problemas reales.

En nombre del pueblo, el populismo niega la justa participación de los actores que lo conforman, dejando que sea un determinado grupo el intérprete auténtico del sentir popular. El pueblo deja de ser pueblo y se convierte en una masa inerte manipulada por un partido o un demagogo. Las dictaduras casi siempre comienzan así: siembran el miedo en el corazón del pueblo, para luego ofrecer defenderlo de lo que teme a cambio de negarle el poder para determinar su propio futuro.

Por ejemplo, una fantasía del nacionalpopulismo en países de mayorías cristianas es defender la "civilización cristiana" de supuestos enemigos, ya sea el islam, los judíos, la Unión Europea o las Naciones Unidas. Esta defensa resulta atractiva para aquellos que a menudo ya no son creyentes pero que consideran la herencia de su nación como una identidad. Aumentan sus miedos y su pérdida de identidad, al mismo tiempo que baja su participación en las iglesias.

La pérdida de la relación con Dios y la pérdida del significado de la fraternidad universal han contribuido a este sentido de aislamiento y de temor por el futuro. Entonces, personas no creyentes o superficialmente religiosas votan para que los populistas protejan su identidad religiosa, sin tener en cuenta que el miedo y el odio al otro son incompatibles con el Evangelio.

El corazón del cristianismo es el amor de Dios por todos los pueblos y nuestro amor por el prójimo, especialmente por los necesitados. Rechazar a un migrante en dificultades, sea este de la confesión religiosa que sea, por miedo a diluir nuestra cultura "cristiana" es una grotesca falsificación tanto del cristianismo como de la cultura. La migración no es una amenaza para el cristianismo, salvo en la imaginación de aquellos que se benefician pretendiéndolo. Promover el Evangelio y no acoger al extranjero necesitado ni afirmar su humanidad como hijo de Dios, es querer fomentar una cultura cristiana solamente de nombre; vacía de toda su novedad.

Para recuperar la dignidad del pueblo necesitamos ir a la periferia a encontrarnos con todos aquellos que viven en los márgenes de nuestras sociedades. Allí se esconden perspectivas capaces de regalarnos un nuevo comienzo. No podemos soñar el futuro ignorando y no capitalizando las vivencias prácticamente de un tercio de la población mundial.

Me refiero a aquellas personas y familias que viven sin trabajo estable, en la periferia de la economía de mercado. Son campesinos sin tierra y pequeños agricultores, pescadores de subsistencia y trabajadores explotados de fábricas clandestinas, recolectores de basura y vendedores ambulantes, artistas callejeros, villeros y ocupantes ilegales. En los países desarrollados son los que viven de las changas, sin lugar fijo, sin vivienda adecuada, con acceso limitado al agua potable y a la comida sana: tanto ellos como sus familias sufren todo tipo de vulnerabilidad.

Lo interesante es que, si logramos acercarnos y dejamos los estereotipos de lado, podemos descubrir que muchos de ellos están lejos de ser solo víctimas pasivas. Organizados en un archipiélago global de asociaciones y movimientos son la esperanza de la solidaridad en una era de exclusión e indiferencia. En la periferia pude descubrir movimientos sociales, parroquiales, educativos, capaces de nuclear a las personas, volverlas protagonistas de sus propias historias y poner en marcha dinámicas con sabor a dignidad. Asumen la vida como se presenta, y no bajan los brazos en una actitud de lamento y resignación sino que se nuclean buscando transformar la injusticia en una posibilidad: los llamo poetas sociales. En su movilización por el cambio, en su búsqueda de dignidad, veo una fuente de energía moral, una reserva de pasión cívica capaz de revitalizar nuestra democracia y de reorientar la economía.

La Iglesia nació precisamente aquí, en la periferia de la Cruz donde se encuentran tantos crucificados. Si la Iglesia se desentiende de los pobres deja de ser la Iglesia de Jesús y revive las viejas tentaciones de convertirse en una élite intelectual o moral. El único calificativo para la Iglesia que se vuelve extraña para los pobres es "escándalo". El camino a las periferias geográficas y existenciales es el camino de la Encarnación: Dios eligió la periferia como lugar para revelar, en Jesús, su acción salvadora en la historia.

Esto me impulsó a apoyar los Movimientos Populares. Cuando recibí a dirigentes de más de un centenar de los movimientos en el Vaticano en encuentros celebrados en 2014 y 2016, y en 2015 en Santa Cruz de la Sierra, Bolivia, me dirigí a ellos y pude dialogar con ellos. Estos Encuentros Mundiales abordaron el tema de la necesidad de cambiar para que el pueblo tenga acceso a las tres "T": tierra, techo, trabajo.[29]

Durante la cuarentena les mandé una carta a los dirigentes de los movimientos populares para expresarles mi cercanía y alentarlos. Era consciente de que no solo estaban excluidos de las posibilidades de trabajo, sino que por su informalidad quedaban fuera del alcance de medidas gubernamentales que protegen los empleos y la subsistencia de sus ciudadanos. Los describí como un "ejército invisible" en la primera línea de combate de esta pandemia, un ejército cuyas únicas armas son la solidaridad, la esperanza y el sentido de comunidad, que trabaja incansablemente por sus familias, barrios y el bien común.[30]

Para aclarar: no es la Iglesia la que está "organizando" al pueblo. Son organizaciones que ya existen —algunas cristianas, otras no—. Me gustaría que la Iglesia abriera más sus puertas a los movimientos populares; espero que todas las diócesis del mundo tengan una colaboración sostenida con ellos, como algunas ya la tienen. Pero mi papel y el de la Iglesia es acompañarlos, no paternalizarnos: o sea, ofrecer enseñanzas y guía, pero nunca imponer una doctrina o intentar controlarlos. La Iglesia ilumina con la luz del Evangelio, despertando a los pueblos a su propia dignidad, pero son los pueblos quienes tienen el "olfato" para organizarse a sí mismos.

Mi convicción de que estos movimientos populares están generando algo fuerte viene de mi experiencia como arzobispo de Buenos Aires. Después de conocer a una organización que trabajaba para liberar a las víctimas del tráfico humano y otras formas modernas de esclavitud, celebré una Misa al aire libre en la Plaza Constitución en el mes de julio, destinada sobre todo a las personas explotadas de la periferia. Estas Misas con el tiempo se convirtieron en un lugar de encuentro para miles de personas que venían a rezar, a pedirle a Dios lo que necesitaban.

Allí, en esa multitud orante, sentí el Buen Espíritu. No hablo de multitud en el sentido anónimo de masa. Tampoco me refiero al tipo de organización que piensa y habla en nombre de los pobres, sino al pueblo de Dios, capaz de unirse para rezar por el dolor de sus hijos. Esa muchedumbre uniéndose para rezar es capaz de recordarle a la ciudad que dejó de llorar por el sufrimiento de sus hijos y que naturalizó el pecado. La voz cantante es la voz del Espíritu, que quiere renovar la profecía que como Iglesia estamos llamados a no callar.

No le toca a la Iglesia organizar todas las acciones, pero sí debe impulsar, acompañar y sostener a quienes las llevan adelante. Todo lo contrario de como piensan las élites de cualquier signo: "todo para el pueblo, nada con el pueblo", al que suponen ignorante y sin rostro.

No es cierto. El pueblo sabe lo que quiere y lo que necesita; tiene olfato.

Lo que encontré en la Plaza Constitución fue una multitud que me recordaba a la multitud que seguía al Señor: el pueblo humilde que se quedaba horas escuchando a Jesús hasta que oscurecía, y no sabían qué hacer. La multitud que seguía a Jesús no era una masa de personas hipnotizadas por uno que hablaba lindo, sino un pueblo con historia, que tenía una esperanza y custodiaba una promesa.

El pueblo siempre lleva una promesa en su corazón: una invitación que lo hace caminar hacia algo que desea, pese a la marginalidad que sufre. La predicación de Jesús les evocaba promesas antiguas que llevaban en sus entrañas, en su sangre: una conciencia ancestral de la cercanía de Dios y de su propia dignidad. Al mostrarles esa cercanía en el modo en que les habló, los tocó y los sanó, Jesús demostraba que esa cercanía era real. Les abrió un camino de esperanza en el futuro, un camino de liberación que no era meramente política sino algo más: la liberación humana que confería esa dignidad que solo el Señor nos puede regalar.

Por eso seguían a Jesús. Él les daba dignidad. En la escena tan fuerte del diálogo de Jesús a solas con la adúltera, después de que se van los acusadores, Jesús la unge con dignidad y le dice: "Vete, y en adelante no peques más" (Juan 8, 11). Para Jesús, toda persona es capaz de dignidad, tiene valor. Jesús restituye el verdadero valor de cada uno y del pueblo porque es capaz de ver con los ojos de Dios: "Vio que era bueno" (Génesis 1, 31).

Para hacer esto, tuvo que rechazar la visión de las élites religiosas de la época que se habían apoderado de la ley y de la tradición. La posesión de los bienes de la religión se había convertido en un medio para ponerse por encima de los demás, de los que no eran como ellos, inspeccionándolos y juzgándolos. Mezclándose con los cobradores de impuestos y las "mujeres de mala fama", Jesús recuperó la religión aprisionada de los ambientes de las élites, del conocimiento especializado y de las familias privilegiadas para volver a toda persona y toda situación capaz de Dios (*capax Dei*). Caminando con los pobres, los rechazados, los marginados, derribó el muro que impedía al Señor estar cerca de su pueblo, en medio de su rebaño.

Al mostrar a los pobres y pecadores la cercanía de Dios,

Jesús denunció la mentalidad que pone la confianza en la auto-justificación, ignorando lo que pasa a su alrededor. Cuestiona el tipo de mentalidad que, en su peor manifestación, lleva al uso de términos racistas, denigrantes a todos aquellos que no pertenecen a determinado grupo, que pinta a los migrantes como una amenaza y construye muros para dominar y excluir.

Lo que vi en la gente que se juntaba en Plaza Constitución era la multitud que seguía a Jesús: tenía dignidad y se organizaba. Llevaban con ellos la dignidad que la cercanía de Dios les había revelado.

Entre ellos estaban los cartoneros, los hombres y niños que recorren las calles por la noche en busca de cartón y otros materiales para vender a los recicladores. Los cartoneros surgieron del colapso económico argentino de los años 2001 y 2002. Se los veía por las calles tirando de enormes bolsas con el material que recogían. Recuerdo que una noche vi un carro tirado por lo que pensé era un caballo, pero cuando me acerqué vi que eran dos niños, menores de doce años. Las leyes municipales prohibían el uso de medios de transporte a tracción animal, pero al parecer un niño valía menos que un caballo.

Con el tiempo, decenas de miles de cartoneros, con su sentido de dignidad, se fueron armando y consiguieron el derecho a la remuneración y la protección. Vos podés pensar: para eso están los sindicatos. Normalmente los sindicatos concentran su accionar en los trabajadores formales y buscan ampararlos y acompañar un trabajo digno. Pero, lamentablemente, hoy día no son muchos los sindicatos que están pendientes de la periferia. Muchos están alejados de la periferia de la sociedad.

Después de conocer a los cartoneros, me fui una noche con ellos mientras hacían su recorrida. Iba vestido de civil, sin la cruz pectoral de obispo; solo los dirigentes sabían quién era. Vi cómo trabajaban, cómo vivían de las sobras de la sociedad, reciclando lo que la sociedad descartaba y vi también cómo algunas élites los identificaban con las sobras. Al recorrer la ciudad con ellos por la noche pude ver la ciudad con sus ojos y percibir la indiferencia que sufrían, esa indiferencia que se vuelve violencia silenciosa y educada.

Vi el rostro de la cultura del descarte. Pero también vi la dignidad de los cartoneros: cómo se esfuerzan en su trabajo para mantener a su familia y dar de comer a sus hijos, cómo trabajan juntos, como una comunidad. Al organizarse entraron en su propia dinámica de conversión, un reciclaje de sus propias vidas. Y en el proceso cambiaron la manera en que los argentinos veían la basura, ayudándolos a comprender el valor de re-usar y reciclar.

No idealizo a los cartoneros: tienen sus peleas, conflictos y aquellos que se quieren aprovechar de los demás, como los hay en todos los estratos de la sociedad. Pero me conmovió su solidaridad y hospitalidad: cómo, cuando uno de ellos lo necesitaba, se unían todos por el bien de su familia. Los cartoneros son un ejemplo de un pueblo en la periferia que se organiza para sobrevivir, y ejemplifica la dignidad que es la impronta de los movimientos populares.

Cuando los descartados se organizan, no en pro de una ideología o para ganar poder sino para que sus familias tengan acceso a las tres "T" de una vida digna —la tierra, el techo y el trabajo—, podemos decir que aquí hay un signo, una promesa, una profecía. Por eso, como papa, he animado a, y caminado junto con, los movimientos populares de todo el mundo dirigiéndome a ellos, por ejemplo, en una reunión en Modesto, California, en febrero de 2017, organizada por la Conferencia de Obispos Católicos de Estados Unidos y PICO, una red nacional de organizaciones comunitarias.

En cada reunión les he dicho que revertir el proceso de deshumanización en el mundo actual dependerá de la participación de los movimientos populares. Son sembradores de futuro, promotores del cambio que necesitamos: poner la economía al servicio del pueblo para construir paz y justicia y defender la Madre Tierra.

La salud de una sociedad puede juzgarse por su periferia. Una periferia abandonada, ninguneada, despreciada y descartada apunta a una sociedad inestable y malsana que no va a sobrevivir mucho tiempo sin grandes reformas. Cito nuevamente a Hölderlin: "Allí donde está el peligro, crece también lo que salva". Desde los bordes llega la esperanza de restituir la dignidad del pueblo. Esto es válido no solo para la periferia de la pobreza y la privación, sino para todas las periferias creadas por la persecución religiosa o ideológica y los demás tipos de brutalidad. Al abrirnos a la periferia, a las organizaciones populares, impulsamos el cambio.

Abrazar la periferia es ampliar nuestros horizontes para ver con mayor claridad y amplitud. Necesitamos recuperar la sabiduría que esconden nuestros barrios y que puede visibilizarse en los movimientos populares. Desestimar los Movimientos Populares como "pequeños" y "locales" es un error; sería no ver su vitalidad y relevancia. Los Movimientos Populares tienen el potencial de revitalizar nuestras sociedades, rescatándolas de todo aquello que hoy las vuelve débiles.

Los encuentros con los Movimientos Populares en el Vaticano y en otras partes permitieron potenciar una agenda para el cambio que ya venían desarrollando. Abogaron por un estilo de vida que recupera el valor de toda vida, la solidaridad y el respeto por la naturaleza como valores esenciales, que se compromete a la alegría de "vivir bien" en vez del "bienestar" complaciente y egoísta que nos vende el mercado y nos termina aislando y encerrando en nuestros pequeños mundos.

Hicieron un llamado para una vivienda y trabajo dignos y el acceso a la tierra de los pequeños productores; para la integración de barrios urbanos pobres en la vida de la ciudad; para erradicar la discriminación y la violencia contra la mujer; para acabar con todas las formas de esclavitud; para poner fin a la guerra, el crimen organizado y la represión; para reforzar la libertad de expresión y la comunicación democráticas; y para asegurar que la ciencia y la tecnología estén al servicio del pueblo.

Nada de esto puede suceder si no hay un cambio en cada comunidad. A su vez, esto sólo puede suceder mediante acciones concretas, donde todos sean protagonistas, acciones que nacen del ver, juzgar y actuar: percibiendo la necesidad, discerniendo qué camino seguir y construyendo consenso para la acción.

Habrá tentaciones que nos distraerán: quedarnos rumiando la impotencia e indignación, atascarnos en conflictos y quejas, enfocarnos en lemas e ideas abstractas en lugar de acciones específicas y locales. No hay que ser ingenuos: siempre estará el peligro de la corrupción. Por eso, para unirse a la causa y al estilo de los movimientos populares se necesita humildad y un poco de austeridad personal; es un camino de servicio, no una ruta al poder. A quienes les gustan, por ejemplo, los banquetes y los autos de lujo, y así otras cosas, no se metan en los movimientos populares ni en política (y, por favor, tampoco en el seminario). Un estilo de vida sobrio, humilde, dedicado al servicio vale mucho más que miles de seguidores en las redes sociales.

Nuestro mayor poder no es el respeto que los otros nos tienen, sino el servicio que podemos ofrecer a los demás. En cada acción que hacemos por los otros, sentamos las bases para restaurar la dignidad de nuestros pueblos y comunidades, y así permitirnos sanar, cuidar y compartir mejor. Estas acciones nos tienen que involucrar a todos, pero los dirigentes políticos y empresariales pueden hacer mucho para facilitar estas prioridades, que no son otras que las necesidades del pueblo del que son parte.

Para ayudarnos a visualizar este futuro mejor, podemos pensar en esas tres "T" que los movimientos populares promueven. Si ponemos la tierra, el techo y el trabajo dignos para todos en el centro de nuestras acciones, podremos crear un círculo virtuoso que, con el tiempo, nos ayude a restaurar la dignidad.

TIERRA

Somos seres que pertenecemos a la tierra y no podemos vivir solamente a expensas de ella; tenemos una relación de reciprocidad. Urge un Jubileo, un tiempo en que aquellos que tienen de sobra consuman menos para que la tierra sane y un tiempo para que los excluidos encuentren su lugar en nuestras sociedades. La pandemia y la crisis económica ofrecen una oportunidad para examinar nuestros estilos de vida, cambiar los hábitos destructivos y encontrar maneras más sustentables de producir, comerciar y transportar los bienes.

También podemos comenzar a implementar una conversión ecológica en todos los niveles de la sociedad, como propuse en *Laudato Si'*: pasando de los combustibles fósiles a la energía renovable; respetando o implementando la biodiversidad; garantizando el acceso al agua limpia; adoptando estilos de vida más sobrios; cambiando nuestra comprensión del valor, el progreso y el éxito teniendo en cuenta el impacto de nuestras empresas en el medio ambiente. Como comunidad mundial necesitamos comprometernos con los Objetivos de Desarrollo Sostenible (ODS) de las Naciones Unidas para el año 2030. Aprovechemos los próximos años para practicar una ecología *integral*, para que el principio de regeneración ecológica configure las decisiones que tomamos a todos los niveles.

Esto significa examinar con actitud crítica el impacto de nuestros métodos industriales en el ambiente y de los agronegocios en los pequeños productores. Se necesita poner más tierra a disposición de pequeños agricultores para que puedan producir para el consumo local con métodos orgánicos y sustentables. Nuestras chacras necesitan producir no solo alimentos sino suelos sanos y biodiversidad.

Los bienes y los recursos de la tierra son destinados a todos. El aire fresco, el agua limpia y una dieta equilibrada son vitales para la salud y el bienestar de nuestros pueblos. Pongamos la regeneración de la tierra y el acceso universal a sus bienes en el centro de nuestro futuro post-Covid.

TECHO

Por techo me refiero, obviamente, a las casas donde vivimos; pero en un sentido más amplio, también a nuestro hábitat general.

La concentración en las ciudades es cada vez mayor y lo

TIEMPO PARA ACTUAR 135

que suceda con ellas será clave para el futuro de nuestra civilización. Es difícil ser conscientes de nuestra dignidad cuando estamos sumergidos en centros urbanos sin alma, sin historia. Es difícil hablar de pertenencia y corresponsabilidad si pensamos en grandes superficies urbanas que promueven el anonimato, la soledad y la orfandad. La degradación de nuestro entorno urbano es un signo del agotamiento cultural. Cuando nuestro entorno es caótico, fragmentado o saturado de ruido y fealdad, es difícil ser feliz y hablar de dignidad.

Restaurar la dignidad de nuestros pueblos significa prestar atención a nuestro *oikos*, o sea, a nuestra casa común. Hay mucho por hacer para humanizar nuestro entorno urbano: crear, cuidar y potenciar áreas comunes y espacios verdes, asegurar viviendas sustentables y adecuadas para las familias, desarrollar sistemas de transporte público de calidad que reduzcan la contaminación y el ruido y que favorezcan una movilización ágil y segura. Urge, sin embargo, dignificar las zonas periféricas de nuestras ciudades, integrándolas por medio de políticas sociales capaces de reconocer y valorar el aporte cultural que allí se gesta. Transformando así nuestras ciudades se genera riqueza cultural y social que posibilite y estimule también el cuidado del medio ambiente.

Pero todos estos esfuerzos deben ser conducidos por los agentes locales, desde su propia cultura, apoyados por el Estado sí, pero respetando siempre la voz y el accionar de los habitantes del lugar y sus instituciones. La meta debe ser generar redes de pertenencia y solidaridad que prosperen, restaurando los vínculos de la comunidad y la fraternidad, animando la participación de las instituciones arraigadas en la comunidad. Cuando las organizaciones actúan juntas, trascendiendo las fronteras de creencia y etnicidad para lograr objetivos

concretos para la comunidad, entonces podemos decir que se
ha reivindicado el alma de nuestros pueblos.

TRABAJO

Dios nos dio la tierra para cuidar y labrar. Nuestro trabajo es
condición fundamental para nuestra dignidad y bienestar. No
es privilegio exclusivo de los empleados ni de los empleadores,
sino un derecho y un deber para todos los hombres y mujeres.

¿Cómo será nuestro futuro cuando el cuarenta o cincuenta
por ciento de los jóvenes no tenga trabajo, como sucede ahora
en algunos países? El pueblo puede necesitar en algunos momentos asistencias especiales, pero no vivir del asistencialismo;
necesita una vida digna ganada con su trabajo para mantener
a su familia y desarrollarse como personas en primer lugar,
pero también para enriquecer su entorno y a su comunidad. El
trabajo es la capacidad que el Señor nos regaló para ser parte
con nuestras manos de su misma acción creadora. Trabajando
somos forjadores de creación.

De ahí que como sociedad tenemos que asegurar que el
trabajo sea no solo una manera de ganar dinero sino de expresión, participación y construcción del bien común. Priorizar el
acceso al trabajo debe convertirse en meta central de las políticas públicas de una Nación.

Muchos términos en el mundo de los negocios sugieren el
objetivo fraternal de la actividad económica que hoy debemos
reestablecer: por ejemplo, *compañía* proviene de compartir
juntos el pan; *corporación* significa la integración al cuerpo.
Los negocios no son solamente una iniciativa privada; deben
servir al bien común. *Común* proviene del latín *cum-munus*:
"cum" significa juntos y "munus" es un servicio dado como

regalo o como sentido del deber. Nuestro trabajo engloba tanto la dimensión individual como la común. Es una fuente de crecimiento personal y también clave para restaurar la dignidad de nuestros pueblos.

Con demasiada frecuencia lo entendemos totalmente al revés: a pesar del hecho de que crean valor, los trabajadores son tratados como un elemento descartable de la empresa mientras que algunos accionistas —con su interés limitado a maximizar las ganancias— llevan la voz cantante. Nuestra definición del valor del trabajo también es demasiado restrictiva. Hay que superar esta idea de que el trabajo de los que cuidan a un familiar, o de una madre a tiempo completo, o de un voluntario en un proyecto social que asiste a cientos de niños, no es trabajo porque no recibe un salario.

Reconocer como sociedad el valor del trabajo no remunerado es vital para nuestro repensar el mundo post-Covid. Por eso creo que es hora de explorar conceptos como el Ingreso Básico Universal (IBU), también conocido como el "impuesto negativo a la renta": un pago fijo incondicional a todos los ciudadanos, que podría distribuirse a través del sistema impositivo.

El IBU puede redefinir las relaciones en el mercado laboral, garantizándoles a las personas la dignidad de rechazar condiciones de empleo que las encadenan a la pobreza. Le daría a la gente la seguridad básica que necesita, eliminando el estigma del asistencialismo y le facilitaría el cambio de un trabajo a otro, como lo exigen cada vez más los imperativos tecnológicos en el mundo laboral. Políticas como el IBU también pueden ayudar a las personas a combinar tiempo dedicado a trabajo remunerado con tiempo para la comunidad.

Con el mismo objetivo, probablemente sea también el momento para considerar una reducción en el horario de trabajo, con el ajuste salarial correspondiente, lo que paradójicamente puede aumentar la productividad. Trabajar menos para que más gente tenga acceso al mercado laboral es un aspecto que necesitamos explorar con cierta urgencia.

Al integrar a los pobres y el cuidado de nuestro medio ambiente como objetivos centrales de la sociedad, podemos generar trabajo y humanizar nuestro entorno. Al ofrecer un ingreso básico universal, liberamos a las personas y les garantizamos que puedan trabajar dignamente en función de su comunidad. Al adoptar métodos agroecológicos más intensivos para producir alimentos, regeneramos el mundo natural, creamos trabajo y biodiversidad y vivimos mejor.

Todo esto significa tener metas de bien común para el desarrollo humano, en vez de los falsos supuestos de la famosa teoría del derrame de que una economía en crecimiento nos hará más ricos a todos. Al enfocarnos en la tierra, el techo y el trabajo recuperamos una relación sana con el mundo y crecemos al servicio de los otros.

Y de este modo trascendemos la mezquina mentalidad individualista del paradigma liberal, sin caer en la trampa del populismo. La democracia se revitaliza gracias a las inquietudes y a la sabiduría del pueblo que la constituye. La política puede volver a ser una expresión de amor a través del servicio. Al poner la restauración de la dignidad de nuestros pueblos como objetivo central en el mundo post-Covid, hacemos que la dignidad de todos sea la clave de nuestro accionar. Garantizar un mundo donde la dignidad sea valorada y respetada por mediaciones muy concretas no es solo un sueño sino un camino para un futuro mejor.

Epílogo

Nos podríamos preguntar: ¿Ahora qué tengo que hacer? ¿Cuál podría ser mi lugar en este futuro y cómo hago para hacerlo posible?

Dos palabras me vienen a la mente: *descentrarse y trascender.*

Mirá en qué cosas estás centrado y descentrate. La tarea es abrir puertas, abrir ventanas, ir más allá. Recordá lo que dije al principio sobre el riesgo de quedarnos atrincherados en las mismas formas de pensar y actuar. Lo que tenemos que evitar es la tentación de girar sobre nosotros mismos.

Una crisis te obliga a moverte, pero podés moverte sin ir a ninguna parte. En la cuarentena, muchos de nosotros salimos de casa o del departamento para comprar lo esencial o para dar una vuelta a la manzana y estirar las piernas. Pero después volvimos al mismo lugar donde estábamos, como un turista que visita el mar o las montañas durante una semana para descansar, pero después vuelve a su asfixiante rutina. Se movió, pero hacia los costados, y termina por volver al mismo punto de partida.

En oposición a esto me gusta la imagen del peregrino, aquel que se descentra y así puede trascender. Sale de sí mismo, se abre a un nuevo horizonte, y cuando vuelve a casa ya no es el mismo, por lo tanto, su casa ya no será la misma.

Es tiempo de peregrinación.

Hay un tipo de caminar hacia delante, que es acaracolarse, como el mito griego del laberinto en el que entra Teseo.

El laberinto no tiene que ser un espacio físico donde damos vueltas y vueltas; se puede crear un laberinto en nuestras mentes. Jorge Luis Borges tiene un cuento, "El jardín de los senderos que se bifurcan", sobre una novela en que varios futuros y resultados son posibles. Cada uno te lleva al siguiente, donde nada se resuelve porque ninguna posibilidad excluye la otra. Es una pesadilla porque no existe la posibilidad real de una salida.

Del laberinto sólo se sale de dos modos: hacia arriba, descentrándote y trascendiendo, o dejándote conducir por el hilo de Ariadna.

Hoy el mundo está en un laberinto y estamos dando vueltas intentando que no nos devoren muchos "minotauros"; o estamos avanzando, pero por senderos bifurcados de posibilidades infinitas que nunca nos llevan a donde necesitamos estar.

El laberinto puede ser también nuestra suposición de que la vida volverá a la "normalidad". Podría reflejar nuestro egoísmo, nuestro individualismo, nuestra ceguera, nuestro querer que las cosas vuelvan a ser como eran, ignorando que antes tampoco estábamos bien.

En el mito griego, Ariadna le da a Teseo un ovillo con hilo para poder salir. El ovillo que se nos ha dado es nuestra creatividad para superar la lógica del laberinto, para descentrarnos y trascender. El regalo de Ariadna es el espíritu que nos llama a salir de nosotros mismos, el "tirón del hilo" del que hablaba G. K. Chesterton en la serie de historias del padre Brown. Son los otros, los demás, quienes como Ariadna nos ayudan a encontrar salidas y a dar lo mejor de nosotros mismos.

Lo peor que nos puede pasar es quedar mirándonos al espejo, mareados de tanto dar vueltas sin salida. Para salir del laberinto es necesario dejar la cultura "selfi" para ir al encuentro de los demás: mirar los ojos, los rostros, las manos y las necesidades de aquellos que nos rodean y así también poder descubrir nuestros rostros, nuestras manos llenas de posibilidades.

Una vez que sentimos ese "tirón del hilo", hay muchas maneras de salir del laberinto que tienen en común entender que nos pertenecemos mutuamente, que somos parte de un pueblo y que nuestro destino está entrelazado con un destino común. "Seguramente, los acontecimientos decisivos de la historia del mundo fueron esencialmente influenciados por almas sobre las cuales nada dicen los libros de historia", escribe Edith Stein (Santa Teresa Benedicta de la Cruz). "Y cuáles sean las almas a las que hemos de agradecer los acontecimientos decisivos de nuestra vida personal, es algo que solo sabremos el día en que todo lo oculto será revelado"[31]. Pero son almas capaces de pegar un tirón en el hilo.

Dejate tironear, dejate alterar, dejate cuestionar. Quizás sea por medio de algo que leíste en estas páginas, quizás sea por un grupo de personas que oíste hablar en las noticias o que conocés de tu barrio, cuya historia te conmovió. Quizás sea una residencia de ancianos, un centro para refugiados o un proyecto de regeneración ecológica lo que te está llamando. O quizás sean personas más cerca de casa las que te necesitan.

Cuando sientas el tirón, pará y rezá. Leé el Evangelio, si sos cristiano. O creá un espacio dentro tuyo para escuchar. Abrite... descentrate... trascendé.

Y después actuá. Hacé una llamada, andá a visitar, ofrecé tu servicio. Decí que no tenés la menor idea de lo que hacen, pero a lo mejor podés dar una mano. Decí que te gustaría

ayudar a ser parte de un mundo distinto y que pensaste que
ese podría ser un buen lugar donde empezar.

Me gustaría terminar con un poema que leí en la cuarentena,
enviado por un amigo de Argentina. Hubo cierta confusión
sobre el autor, al que finalmente descubrí: es un actor y co-
mediante cubano. Cuando hablé por teléfono con Alexis Valdés me dijo que escribió "Esperanza" de una sola sentada, sin
cambiar las palabras, como si Dios lo hubiera usado como un
canal. Se viralizó y conmovió a muchos, a mí incluido. Ilustra
el camino a un futuro mejor, el que he tratado de expresar en
este libro. Dejemos que sea la poesía y su belleza la que tenga
la última palabra; esa poesía capaz de ayudarnos a descentrarnos y trascender para que nuestros pueblos tengan vida
(Juan 10, 10).

ESPERANZA

Cuando la tormenta pase
y se amansen los caminos
y seamos sobrevivientes
de un naufragio colectivo.

Con el corazón lloroso
y el destino bendecido
nos sentiremos dichosos
tan solo por estar vivos.

Y le daremos un abrazo
al primer desconocido
y alabaremos la suerte
de conservar un amigo.

Y entonces recordaremos
todo aquello que perdimos
y de una vez aprenderemos
todo lo que no aprendimos.

Ya no tendremos envidia
pues todos habrán sufrido.
Ya no tendremos desidia.
Seremos más compasivos.

Valdrá más lo que es de todos
que lo jamás conseguido.

Seremos más generosos
y mucho más comprometidos.

Entenderemos lo frágil
que significa estar vivos.
Sudaremos empatía
por quien está y quien se ha ido.

Extrañaremos al viejo
que pedía un peso en el mercado,
que no supimos su nombre
y siempre estuvo a tu lado.

Y quizás el viejo pobre
era tu Dios disfrazado.
Nunca preguntaste el nombre
porque estabas apurado.

Y todo será un milagro.
Y todo será un legado.
Y se respetará la vida,
la vida que hemos ganado.

Cuando la tormenta pase
te pido Dios, apenado,
que nos devuelvas mejores,
como nos habías soñado.[32]

Posdata de
Austen Ivereigh

Soñemos juntos nació de la cuarentena, específicamente del momento en que el papa Francisco apareció en la Plaza de San Pedro como un piloto de tormentas para guiar a la humanidad en una de sus noches más oscuras.

Fue el 27 de marzo, quince días antes de aquella Pascua desconcertante de iglesias vacías y calles desiertas, cuando desde la plaza oscura, lluviosa y abandonada dio una intensa e inesperada reflexión "Urbi et Orbi". Visto por millones de personas en sus televisores y tabletas, Francisco dejó en claro que la humanidad se encontraba en un punto de inflexión, un tiempo de prueba del que o podríamos salir mejor o retroceder drásticamente.

Poco después el Papa compartió conmigo, en una entrevista que salió en vísperas de Pascua, algunas de sus observaciones penetrantes sobre las tentaciones, los obstáculos y las oportunidades que la crisis nos presentaba. Las expresó como es corriente en Francisco: como fogonazos de intuición que me dejaron ansioso por saber más. Enseguida después de la Pascua se anunció que Francisco había nombrado una comisión del Vaticano para consultar a expertos de todo el mundo sobre el mundo post-Covid. El Papa le pidió a la comisión "preparar el futuro": vio a la Iglesia no solo respondiendo a lo que se venía, sino ayudando a darle forma. Visto desde afuera, el

"Papa confinado", aislado del pueblo, parecía impotente. Pero personas cercanas a él me contaron todo lo contrario: que se sentía energizado por lo que percibía como un momento umbral, y por el movimiento de espíritus que veía en ello.

Me pareció un momento idóneo para sugerir un libro que le diera el espacio para desarrollar sus ideas y ponerlas a disposición de un público más amplio. Para mi sorpresa, él estuvo de acuerdo, pero dejó en claro que necesitaría más de mí que una serie de preguntas. Como surgía claramente de sus homilías cotidianas en vivo desde su residencia durante el encierro, tenía mucho para decir y no bastaba el formato de preguntas y respuestas.

La respuesta de Francisco a la crisis no fue simplemente ofrecer diagnósticos y recetas. Lo que le preocupaba era el proceso de transformación en sí mismo: cómo se da el cambio histórico, cómo resistimos o acogemos ese proceso, es decir, la dinámica de la conversión. Por haber indagado en su vida, yo sabía que este era —entre sus muchos dones— un carisma particular, forjado durante décadas de dirección espiritual en su Argentina natal, del que ahora como papa se servía en su acompañamiento de la humanidad. Francisco era, para decirlo así, el director espiritual del mundo; y ahora que el mundo había entrado en la noche oscura, caminaba con nosotros, iluminando los caminos hacia delante y alertándonos sobre los bordes del precipicio. Quiso comunicar la urgencia de abrir al pueblo a la gracia que siempre se ofrece en tiempos de tribulación y así dejar que Dios conforme nuestra historia.

Le propuse una narrativa estructurada en tres partes que captara ese proceso de conversión. El método ver-juzgar-actuar ha sido usado con frecuencia por la Iglesia latinoamericana para responder al cambio. Francisco lo reformuló en otros términos ("contemplar-discernir-proponer") pero fue básicamente el mismo planteamiento. Primero, se examina la realidad, por incómoda que sea, sobre todo la verdad del sufrimiento en las periferias de la sociedad. Segundo, se disciernen las diferentes fuerzas en juego, distinguiendo lo que construye de lo que destruye, lo que humaniza de lo que deshumaniza, y de este modo eligiendo lo que es de Dios y resistiendo lo contrario. Por último, se proponen una mirada nueva y pasos concretos que surjan del diagnóstico sobre el mal que nos aqueja, y cómo podemos actuar de otra manera. Esta es la estructura básica de *Soñemos juntos*, dividido en tres "tiempos": para ver, elegir y actuar.

Durante los intercambios con Francisco entre junio y agosto de 2020, lo invité a profundizar dos áreas relacionadas de su pensamiento sobre la unidad en la acción que han sido, de alguna manera, su proyecto de vida, la clave de su liderazgo espiritual.

Una fue la cuestión de cómo se forja la unidad a partir de la tensión, sosteniendo las diferencias y fructificándolas, en vez de dejarlas caer en la contradicción. Es la dinámica en el centro de los procesos sinodales que ha potenciado en la Iglesia, y la misma que la humanidad necesita urgentemente en este momento. La otra cuestión tiene que ver con el efecto catalizador de la conciencia de ser pueblo de Dios, y cómo el pueblo se organiza a partir de esa conciencia. Francisco está convencido, como se desprende de estas páginas, de que el verdadero cambio se realiza no desde arriba sino desde las periferias donde Cristo vive. Detrás de esta convicción está la rica tradición de la reflexión de la Iglesia en Argentina conocida como la Teología del Pueblo.

Ambos temas, centrales a su papado, han sido malentendidos; y ambos temas son esenciales para salir mejor de la crisis.

Al inicio, le hice preguntas y él grababa sus ideas, la primera parte del libro es fruto de esos intercambios. Pero a medida que el libro se desarrollaba, se fue convirtiendo en una colaboración más de tipo maestro-discípulo: él me enviaba referencias y artículos de publicaciones, y sugería ideas. *Soñemos juntos* nació orgánicamente de esos intercambios, seguido por sus revisiones y sugerencias, permitiéndonos dos textos: uno que sonaba natural en el inglés, mi lengua materna, el otro un texto en su español, usando sus propias frases y el voseo del pueblo de Buenos Aires. Finalizamos justo en el momento cuando Francisco retomaba sus encuentros y la gente empezaba a volver a la Plaza. Se iniciaba una nueva época de la crisis, más compleja que la cuarentena.

En los cierres de sus mensajes al final de las grabaciones, Francisco se notaba lleno de energía, pasión y humor. Pero pude percibir la intensidad con la que estaba viviendo este momento: cómo sufría con otros y el sentido de urgencia. En todo momento fue tierno y alentador, y cada vez más partícipe en la revisión para ayudarnos a alcanzar la línea de llegada. Siempre le estaré profundamente agradecido por su confianza.

También quiero agradecer a los padres Diego Fares y Augusto Zampini-Davies por su apoyo y aportes, a Julia Torres en Roma y María Galli-Terra en Montevideo por ayudar a sincronizar la versión en español y a Alexis Valdés por permitirnos usar su famoso poema. Le debo mucho al equipo de Eamon Dolan en Simon & Schuster, que aceleraron heroicamente una operación de alta velocidad en un momento extremadamente difícil para el mundo editorial. Las gracias de siempre a Stephen Rubin, que es más que un editor, y a Bill Barry, más que un agente literario; a mi esposa Linda por el soporte paciente y el sustento magnífico y a la Virgen María "desatanudos" por echarme la mano cuando más falta me hacía.

Notas

Notas preparadas por Austen Ivereigh

1   Hölderlin. *Sämtliche Werke*, Stuttgarter Ausgabe Tomo 2, Parte 1, S. 165, Stuttgart 1951.

2   El papa Francisco visitó Lesbos junto a dos dirigentes de la Iglesia ortodoxa: su Santidad Bartolomé, patriarca ecuménico de Constantinopla, y su Beatitud Jerónimo, arzobispo de Atenas y de toda Grecia. Volvió a Roma con doce refugiados musulmanes.

3   La reunión de 190 líderes mundiales en París se conoció como COP21 porque fue la 21ª sesión anual de la "Conferencia de las Partes" de la Convención Marco de las Naciones Unidas sobre el cambio climático de 1922. El acuerdo de París para limitar el aumento de la temperatura global en este siglo a 1,5 centígrados fue un logro histórico que muchos atribuyeron posteriormente en parte a la influencia de *Laudato Si'* y los esfuerzos del Papa Francisco. Véase Austen Ivereigh, *Wounded Shepherd: Pope Francis and His Struggle to Convert the Catholic Church* (New York: Henry Holt, 2019), págs. 216-218.

4   *Morales sobre el Libro de Job* de san Gregorio Magno, Ed. Paul A. Böer, Sr., traducción anónima, Veritatis Splendor Publications, 2012, tomo X, n.° 47.

5   El papa Francisco se refiere al período que pasó en la ciudad de Córdoba (1990-1992), una ciudad entre las sierras ubicada en el centro de Argentina. Ocurrió al final de una etapa turbulenta que vivió la Compañía de Jesús en la Argentina bajo el liderazgo dominante y carismático de Jorge Mario Bergoglio por más de una década, primero como provincial (1973-79) y luego como rector

de la casa de formación jesuita, el Colegio Máximo en la Provincia de Buenos Aires. Con poco más de cincuenta años, Bergoglio fue enviado a Córdoba. Este período finalizó cuando el arzobispo de Buenos Aires, el cardenal Antonio Quarracino, le pidió al papa Juan Pablo II que nombrara a Bergoglio como obispo auxiliar. Este doloroso pero fructífero período, en el que Jorge Mario Bergoglio sufrió mucho, fue el momento en que escribió algunas de sus reflexiones más profundas, como se describe en Austen Ivereigh, *El Gran Reformador: Francisco, retrato de un papa radical* (Barcelona: Ediciones B, 2015), capítulo 5.

6 En los *Ejercicios espirituales*, San Ignacio de Loyola, fundador de la Compañía de Jesús, observa: "Propio es del ángel malo, que se forma *sub angelo lucis* [se disfraza de ángel de luz]... Es a saber, traer pensamientos buenos y santos, conforme a la tal ánima justa, y después, poco a poco, procura de salirse, trayendo a la ánima a sus engaños cubiertos y perversas intenciones". (EE 332).

7 *Ut annis consolidetur, dilatetur tempore, sublimetur aetate* es una famosa máxima de san Vicente de Lérins, que murió en el año 450 y fue el principal teólogo de la Abadía de Lerins en Francia.

8 Francisco Luis Bernárdez, "Soneto", de *Cielo de tierra* (1937).

9 Kate Raworth, *Economía de rosquilla: 7 maneras de pensar en la economía del siglo XXI* (Barcelona, Ediciones Paidós, 2018) y Mariana Mazzucato, *El valor de las cosas: quién produce y quién gana en la economía global* (Editorial Taurus, 2019) pertenecen al grupo de las cinco economistas mujeres denominadas como "revolucionarias en su campo" en un artículo de la revista *Forbes*. Ver Avivah Wittenberg-Cox, "5 economistas que lo redefinen... todo. Ah, sí, y son mujeres", *Forbes* (forbes.com), 31 de mayo de 2020. Otra economista influyente, Profesora/Hna. Alessandra Smerilli, es miembro de la comisión post-COVID del Vaticano.

10 Todos los "dicasterios" del Vaticano (como se denomina a las varias oficinas y secciones) tienen consultores nombrados por el Papa. Se reúnen con frecuencia en Roma para asesorar, expresar su opinión y aportar perspectivas externas al proceso de toma de decisiones. Francisco es el primer papa, por ejemplo, que nombró (tres) mujeres consultoras para la Congregación de la Doctrina

de la Fe, y (dos) para la Congregación para el Culto Divino y la Disciplina de los Sacramentos, lo que hizo posible que la voz de las mujeres fuera oída en dos de los departamentos más importantes del Vaticano, a cargo de la doctrina y la liturgia.

11 El papa Francisco se refiere a la Sección para las Relaciones con los Estados que actúa bajo la Secretaría de Estado, equivalente a la Cancillería o el Ministerio de Relaciones Exteriores. Dicha Sección tiene dos subsecretarios que responden al secretario: uno supervisa el trabajo del cuerpo diplomático de la Iglesia, mientras que el otro coordina las relaciones con el sector multilateral. Francesca Di Giovanni es la primera mujer en desempeñar el segundo cargo mencionado.

12 El papa Francisco firmó su encíclica *Fratelli Tutti* (Hermanos Todos) el 3 de octubre de 2020.

13 El término "conciencia aislada" aparece en la primera oración de la 2ª anotación de *Evangelii Gaudium* (La alegría del Evangelio), su primer documento de envergadura como papa.

14 "Cosa acquisita" aparece en los *Ejercicios espirituales* (#150) de San Ignacio de Loyola. El ejercicio conocido como "Los tres binarios" ayuda a descubrir los mecanismos inconscientes de autojustificación que impiden la libertad espiritual. San Ignacio imagina tres personas "que han adquirido diez mil ducados, no pura o rectamente por amor de Dios, y quieren todos salvarse y hallar en paz a Dios nuestro Señor, quitando de sí el peso e impedimento que tienen para ello en la afección o apego de la *cosa acquisita*".

15 San Doroteo de Gaza, "Sobre la acusación de sí mismo", n.º 100, en Jorge Mario Bergoglio, *Reflexiones espirituales sobre la vida apostólica* (Bilbao: Mensajero, 2013), p. 137.

16 Visita a la sesión conjunta del Congreso de Estados Unidos: "Discurso del Santo Padre", Capitolio de Estados Unidos, Washington, DC, 24 de septiembre de 2015.

17 Romano Guardini (1885-1968), sacerdote, escritor y académico alemán, fue uno de los pensadores católicos más influyentes del siglo XX. La tesis inacabada del papa Francisco se centraba en una obra temprana (1925) de antropología filosófica de Guardini, *Der*

Gegensatz: Versuche zu einer Philosophie des Lebendig-Konkreten, que se publicó en español como *El contraste: Ensayo de una filosofía de lo viviente-concreto,* traducción de Alfonso López Quintas (Madrid: Biblioteca de Autores Cristianos, 1996). La tesis de Jorge Mario Bergoglio se titulaba "Oposición polar como estructura de pensamiento cotidiano y de proclamación cristiana". Se la dio a conocer a Massimo Borghesi, cuyo *Jorge Mario Bergoglio, una biografía intelectual* (Madrid: Ediciones Encuentro, 2018) describe en detalle la tesis en el capítulo 3.

18 Cuando el Sínodo de Obispos se reúna de nuevo en Roma, en octubre de 2022, será sobre el tema "Para una Iglesia sinodal: comunión, participación y misión".

19 En la Constitución dogmática sobre la Iglesia de 1964, conocida como *Lumen Gentium* (Luz de los pueblos) n.º 12, el Concilio Vaticano II decretó: "La totalidad de los fieles, que tienen la unción del Santo, no puede equivocarse cuando cree, y esta prerrogativa peculiar suya la manifiesta mediante el sentido sobrenatural de la fe de todo el pueblo cuando «desde los obispos hasta los últimos fieles laicos» presta su consentimiento universal en las cosas de fe y costumbres".

20 La máxima, empleada durante varios siglos de distintas maneras, surge en el intento por decodificar la ley eclesial bajo Bonifacio VIII (1294-1303) como *Quod omnes tangit debet ab omnibus approbari.*

21 El capítulo 8 de *Amoris Laetitia,* bajo el título "Acompañar, discernir e integrar la fragilidad" ofrece modos en que la Iglesia puede mejor cuidar a los divorciados y vueltos a casar, integrándolos a la vida parroquial y ayudándolos a ver cómo los llama Dios. Para una descripción detallada sobre los dos Sínodos de la Familia, y su resolución de último momento, y el documento postsinodal del papa Francisco, *Amoris Laetitia,* véase Austen Ivereigh, *Wounded Shepherd,* capítulos 9 y 10.

22 En la Iglesia Católica, el diácono es un miembro ordenado del clero, pero no es sacerdote. Los diáconos pueden celebrar el sacramento del matrimonio, presidir un servicio fúnebre y celebrar bautismos, pero no pueden oír confesiones ni celebrar la

Eucaristía. El diaconado es o bien un paso hacia el sacerdocio ("diáconos de transición") o, como en este caso, una vocación "permanente". Normalmente un "diácono permanente" está casado, tiene familia y, a diferencia del sacerdote que es trasladado por el obispo, pertenece a una comunidad específica, donde participa activamente del cuidado de los pobres y enfermos. El papa Francisco resalta el rol local del diaconado permanente como don para la Amazonia que considera todavía no abrazado plenamente por la Iglesia de la región.

23 Poema 63 de *Gitanjali* (*Ofrenda lírica*), Editorial Hispánica, Madrid, 1943.

24 Fiódor Dostoievski, *Los hermanos Karamazov* Parte II, Libro VI, capítulo III.

25 El destino universal de los bienes es el principio de la Doctrina Social de la Iglesia de que Dios destina los bienes de la tierra a todos, sin distinción. Este principio no contradice el derecho a la propiedad privada, sino que lo relativiza. La propiedad conlleva obligaciones al bien común.

26 Francisco, Discurso, "Encuentro con los sacerdotes, religiosos/as, consagrados/as y seminaristas", Catedral de Santiago, Chile (16 de enero de 2018).

27 Visita a la sesión conjunta del Congreso de Estados Unidos: Discurso del Santo Padre, Capitolio de EE. UU., Washington, DC, 24 de septiembre de 2015.

28 Según cifras de la Organización Mundial de la Salud.

29 En latín: *Terra, Domus, Labor*. Ver Guzmán Carriquiry Lecour & Gianni La Bella, *La irrupción de los movimientos populares: El "Rerum Novarum" de nuestro tiempo*, prefacio del Papa Francisco (Librería Editrice Vaticana, 2019)

30 "A un ejército invisible. Carta a los movimientos populares, 12 de abril de 2020" en *Papa Francisco, La vida después de la pandemia*, prefacio del Cardenal Michael Czerny SJ (Librería Editrice Vaticana, 2020) 39-44.

31 Verborgenes Leben und Epiphanie: GW XI 145.

32 Alexis Valdés, "Esperanza" (2020).

Sobre los autores

Jorge Mario Bergoglio nació en Buenos Aires, Argentina, el 17 de diciembre de 1936, hijo de inmigrantes italianos. Fue ordenado sacerdote en la Compañía de Jesús (Jesuitas) en 1969, nombrado provincial en 1973 y rector del Colegio Máximo en Buenos Aires en 1980. Fue consagrado obispo en 1992, nombrado Arzobispo de Buenos Aires en 1998, y creado cardenal en 2001. En marzo de 2013 fue electo Obispo de Roma, el papa número 266 de la Iglesia Católica.

El Dr. Austen Ivereigh es escritor y periodista británico y autor de dos biografías del Papa Francisco: *The Great Reformer* (El Gran Reformador, 2015) y *Wounded Shepherd* (2019). Es miembro de Campion Hall, Universidad de Oxford.

Atentos al llamado del Papa Francisco en *Soñemos juntos* a cuidar de la creación, los autores compensarán las emisiones de CO_2 asociadas con la primera impresión del libro de tapa dura en Estados Unidos. A través de Natural Capital Partners, han adquirido compensaciones en un proyecto en Guatemala de filtración de agua y de horno de cocción mejorado. Dicho proyecto reduce las emisiones al evitar la deforestación y además contribuye con diez de los Objetivos de Desarrollo Sostenible de la ONU.